《厦门市博物馆藏品集粹》 编委会名单

主　　　任：张仲淳

副　主　任：陈娟英　陈　文

编委会成员：（以姓氏笔画为序）

　　　　　　白　墨　陈　文　陈建标　陈娟英

　　　　　　张仲淳　林元平　赵庆生　彭景元

厦门市博物馆藏品集粹

厦门市博物馆 编

文物出版社

摄　　影：孙之常
版式设计：谭德毅
责任印制：王少华
责任编辑：张广然

图书在版编目（CIP）数据

厦门市博物馆藏品集粹/厦门市博物馆编.—北京：
文物出版社，2007.2
　ISBN 978-7-5010-2103-1
　Ⅰ.厦...　Ⅱ.厦...　Ⅲ.博物馆－历史文物－厦门
市　Ⅳ.K872.573

中国版本图书馆CIP数据核字（2007）第002959号

厦门市博物馆藏品集粹

文物出版社出版发行
（北京东直门内北小街 2 号楼　邮政编码 100007）
http:// www.wenwu.com
E-mail：web@wenwu.com
北京图文天地企业形象策划有限公司设计
北京图文天地中青彩印制版有限公司印制
新华书店经销
889×1194　1/16　印张：16.5
2007年2月第1版　2007年2月第1次印刷
ISBN 978-7-5010-2103-1
定价：320.00 元

序 [一]

张 昌 平

文化是一座城市的灵魂，博物馆是一个城市文明程度的标尺。重视城市文化和博物馆的建设，是党委、政府义不容辞的职责；把厦门打造成一座文化之城，是历届市委、市政府矢志不渝的目标。厦门市博物馆1983年筹建，1988年正式对外开放，但在经济特区日新月异建设发展的进程中，已不能满足广大群众的精神文化需要。新世纪之初，在规划厦门市社会事业发展时，市委、市政府根据全市人民的意愿，决定在地标性的厦门文化艺术中心里新建一座博物馆，使之成为我们这座城市的一个文化圣殿。

厦门，五千年来尤其是近代开埠以来，既历经艰难曲折，又屡创辉煌荣耀，特别是改革开放以来，她更以独特的魅力和迷人的风采，成为东南沿海一颗熠熠闪光的明珠。郑成功的"河山一统"，陈嘉庚的"爱国兴学"，林巧稚的"仁心仁术"，厦门先贤伟大的精神和光辉的人格，令人敬仰；从晚清五口通商被迫开放，到改革开放以来经济特区建设翻天覆地，厦门近现代历史巨变，引人深思；冒着炮火移山填海建海堤，争先恐后义务献血排长队，琴声伴着海涛交响，万民马拉松永不止步，厦门市民坚韧健朗而又温馨优雅的气质，令人感佩！"满树繁花，一街灯火，四海长风；百样仙姿，千般美景，万种柔情"，厦门襟山带海的秀丽风光与文气彪炳的绝妙风姿，让人流连⋯⋯经过几年的紧张建设，厦门市博物馆新馆即将开馆，可喜可贺！它的一个重大意义，就是为展示厦门魅力和风采，增添了一个更大的平台和更新的窗口。

厦门是一座年轻的现代城市，但有着悠久的区域开发历史、深厚的文化积淀和独特的风采魅力。建好厦门市博物馆，必须充分发挥其应有的收藏、研究和教育的功能。收藏功能，就是要收集大量具体形象的文物资料，全面反映厦门五千年来先民创造的骄人的区域文化，深入反映博大精深的中华文明，充分反映闽台源远流长的文化交流，以及反映对外开放前沿阵地经济特区的巨大成就。大量的、丰富的、直观的物质文化遗产，只有经过系统的整理，才能起到"一滴水见太阳光辉"的功效。研究功能，就是要为专家学者研究厦门的社会经济发展状况，研究人民群众创造历史的精神和功绩，研究历史发展的规律，提供第一手最有说服力的资料。"高登千尺道，来此听天风"。厦门市博物馆的教育功能，就是要让广大市民特别是青少年通过参观博物馆，得到真、善、美的熏陶。真，就是认知历史真相和掌握历史发展的规律。善，就是崇尚文明，热爱和平，增强爱国主义的信念，增强对"人民是创造历史的真正动力"的认同。美，就是从陶瓷、玉器、书画作品中，从古籍善本、历史文献中，从人类生产、生活等实践的实物资料中，来感知艺术的美、情感的美、劳动的美、创造的美。

二十余年来，在社会各界的鼎力支持下，厦门市博物馆征集了近两万件的文物藏品。在新馆开张之际，从近两万件藏品中精选汇编的精品图集即将出版发行，无疑是一件令人欣喜的事情。这有益于广大市民增长见识、增强智慧、陶冶性情；这对于传承历史文脉、弘扬精神文明、构建和谐社会，都具有重要的意义；这些难得的文物资源可以转化为旅游资源和文化产业资源，对于发展厦门的旅游产业和文化产业也将起到积极的促进作用。在此，衷心祝愿厦门市博物馆新馆顺利开馆！衷心感谢本书策划者和编辑者的辛勤劳动！

在本书即将付梓之际，应邀欣然命笔，是为序。

2007年1月

（作者系中共福建省委常委、福建省人民政府常务副省长、厦门市人民政府市长）

序 [二]

罗才福

厦门市博物馆在厦门文化艺术中心落成，标志着厦门文博事业发展到一个崭新的阶段。

厦门市博物馆是我国东南地区馆藏较为丰富的博物馆之一。该馆自1983年建成以来，长期致力于各类文物的征集和保护。迄今为止，该馆上自远古、下迄现代的各时期文物收藏已初具规模。这些文物生动地展示了厦门自然演化、社会变迁的历史画卷，生动再现了厦门城市发展建设历史，为厦门的历史传承和文化遗产保护作出了积极贡献。

文物是具有历史价值、艺术价值、科学价值、教育价值、旅游价值乃至其他经济价值的不可再生的特殊资源，是十分珍贵的文化遗产。它承载着人类社会的文明，凝聚着民族深层的文化基因。文物保护关系着文化血脉的传承，关系着精神家园的维护，关系着先进文化的建设，是维护民族文化、捍卫文化主权的客观需要，也是落实科学发展观、构建和谐社会、建设社会主义先进文化的重要体现。随着全球化趋势的加强和现代化进程的加快，我国的文化生态发生了巨大变化，文化遗产受到越来越大的冲击，加强文化遗产的保护刻不容缓。因此，为了更好地落实"保护为主，抢救第一；合理利用，加强管理"的文物工作方针，进一步保护、整理、研究、展现和有效利用这些珍贵文化遗产，展示中华民族悠久的历史文明和厦门历史发展的风采，真正将藏于"深宫"人未识的文物发挥功用，引导广大观众走进博物馆、走近厦门的历史，厦门市博物馆特在新馆开馆之际编辑出版了《厦门市博物馆藏品集粹》文物图集。

该图集将厦门市博物馆馆藏的文物珍品进行资源整合，透过文字与实物系统性地、生动具体地阐述了中国古代历史的发展脉络、深刻意义与文化内涵。藉由此书，如同亲历漫长的历史岁月，在探寻历史的奥秘与瑰宝中不知不觉地发觉与体味了文物所透出的丰厚历史底蕴与文化信息，在体察与感觉中进一步掌握中国历史发展的规律和对现实工作的指导意义，由此生发历史与文化的责任感。同时，此书的出版，让全社会熟悉和了解我市现有的静态文化精粹，提高人们对文物的欣赏与认识水平，对提升我市的文化内涵与文化品位都将起到积极的促进作用。可以说，此书的出版，标志着我市文化遗产保护和文物研究工作迈上了一个新台阶。

新馆建成、图集出版，是我市文博界的一大喜事，值得庆贺。衷心祝愿厦门市博物馆"百尺竿头更进一步"，不断跨越，再创佳绩。是为序。

2007年1月

（作者系厦门市文化局局长）

与 特 区 建 设 同 行

——厦门市博物馆建设发展巡礼

张仲淳

在市委、市政府的正确领导下，在社会各界的鼎力支持下，建设在厦门标志性建筑——文化艺术中心内的厦门市博物馆新馆即将落成，作为展示厦门市文博成果之一的《厦门市博物馆藏品集粹》图集终于正式出版了。

厦门历史悠久，相传古时有白鹭栖息，故有"鹭岛"之称。早在三千年以前，就有人类在这里居住生活。1931年，著名人类学家、厦门大学林惠祥教授在厦门港蜂巢山发现一件新石器时代人类采集食物和狩猎的工具——长方形薄边弧刃石锛。隔一年，他又在厦门港东边社发现第二件类似石锛。近年来，通过文物普查，在厦门本岛和海沧、东孚、集美、翔安等地，也都发现了新石器时代晚期到商周时期的弧刃石锛等石器工具和印纹陶器等遗物，这些实物有力地证明，大约在三千年以前，厦门岛及其周边地区生活着一支属于浮滨文化的先民。

厦门的有史记载，可追溯到晋代。西晋太康三年（282年）置同安县，属晋安郡，后并入南安县。唐贞元十九年（803年）析南安县西南部置大同场，五代后唐长兴四年（933年）升为同安县，属泉州。宋属泉州府同安县（绥德乡）。洪武二十年（1387年）始筑"厦门城"，"厦门"之名自此列入史册。近一千年来，厦门曾几易其名，唐、五代称"新城"，宋、元称"嘉禾里"，明初称"中左所"，不久改称"厦门城"，明末清初，郑成功改厦门为"思明州"，1933年正式称为厦门市。

几千年的厦门历史，带着沧桑，也有过辉煌。在这片土地上，涌现出许多可歌可泣的历史人物。苏颂（1020~1101年），宋代著名政治家、科学家。福建同安人，官至北宋宰相，其治国贡献，堪与王安石齐名。他主持制造了当时最先进的计时天文钟——水运仪象台，具有世界性的影响。朱熹（1130~1200年），南宋理学家。南宋绍兴二十三年（1153年）任同安主簿五年，并创办了紫阳学院，从事教育工作，同安是朱子学说体系的开宗圣地。郑成功（1624~1662年），明末民族英雄。以厦门为主要根据地，1661年率军渡海东征，驱逐荷兰殖民者，收复台湾。陈化成（1776~1842年），近代民族英雄，官至江南水师提督。鸦片战争期间率部在吴淞口抗击来犯的英国舰队，因孤军无援，壮烈牺牲。陈嘉庚（1874~1961年）当代爱国华侨领袖。早年侨居新加坡经营实业，后倾资创办教育。马约翰（1882~1966年），当代著名体育家。林巧稚（1901~1983年），当代著名妇产科专家……他们的名字人们永远不会忘记。

厦门市博物馆是一座地方综合性博物馆，长期致力于闽台两岸及传世珍贵文物的收藏、保护、研究、陈列，利用博物馆直观的展品，宣传文物政策，普及文物知识，弘扬中华民族的优秀传统文化，进行爱国主义教育。

党的十六大报告指出："全面建设小康社会，必须大力发展社会主义文化，建设社会主义精神文明。"突出强调了中国先进文化和精神文明建设的极端重要性。

博物馆是一个地域历史和文化积累的总和，是继承人类历史文化遗产的重要载体，是一个城市和国家的发展和文明程度的标尺。它是物质文明与精神文明财富的收藏、保护、研究、展示和教育的集中体现，保护好、管理好、利用好这些历史文化遗产，大力发展博物馆文化，是促进社会主义精神文明建设的重要举措，是鼓舞、激励、教育群众的重要阵地之一。先进的博物馆文化使人们扩大知识领域、满足审美享受、培养生活情趣、陶冶情操，进而使博物馆成为年轻人掌握知识的课堂，成年人学习文化的圣地，它的活动已经渗透到教育、科学、文化、旅游、环境保护等各项事业中，对于振奋民族精神，凝聚民族力量，对于推动建设有中国特色社会主义的伟大事业，对于提高人民群众文化思想道德素质都具有不可替代的巨大作用。

自1905年著名实业家张謇创建中国第一所博物馆——南通博物苑至今，中国博物馆的发展已经走过了整整百年的历史。然而，由于厦门是一座滨海小城，长期位处海防前线，因而改革开放前的厦门博物馆事业，只看到了蹒跚行进的身影。

可以说，厦门市博物馆的建设发展，是伴随着厦门经济特区建设的脚步而发展的。

厦门是我国著名的历史文化名城，是华侨出入祖国的主要门户，与台湾隔海相望，是许多台湾同胞的祖籍地，也是我国最早对外开放的五个经济特区之一。为了把厦门打造成一座文化之城，历届市委、市政府十分重视博物馆等文化设施的建设。厦门市博物馆1983年筹建，1988年正式对外开放，旧馆位于风景如画的鼓浪屿八卦楼。经过二十余年的艰苦努力，已经成为对外文化交流的重要场所和爱国主义教育的重要基地。

随着厦门经济特区建设的快速发展，厦博旧馆的建筑、规模、内容已不能满足广大人民群众日益增长的精神文化需求。为了使厦门丰厚的历史文化遗产得到比较充分的展示，新世纪之初，市委、市政府在规划厦门市社会事业发展时，根据全市人民的意愿，决定斥资数亿元，由美国著名的凯勒建筑设计事务所设计，在具有地标性建筑的厦门文化艺术中心里新建一座博物馆，使之成为我们这座城市的一个文化圣殿。

博物馆不在规模大小，而在于内容与特色。厦博新馆比之旧馆，建筑面积扩大六倍，展品征集与陈列内容都将大为增加并更有特色。厦博的新馆建设与发展，是机遇，也是挑战，任重而道远。为了更好地建设一个在全国博物馆界有地位、有影响力、有生命力的厦门市博物馆，市委、市政府广泛征求社会各界和专家、学者的意见，结合厦门市博物馆目前的实际情况，对厦门市博物馆新馆的办馆方向及陈列主题作出了明确的定位。随着新馆的分期逐步建设，馆藏文物与展品的征集将有所侧重，不断充实，力争形成系列，以提高博物馆文物藏品的档次，增强观赏性。今后，将有"厦门地方历史陈列"、"闽台古石雕、古木雕大观园"、"闽台民俗文物陈列"、"中国民族民间乐器陈列"、"馆藏文物精品陈列"等五个基本主题陈列内容与观众见面，还将利用社会力量，加强馆际交流，不定期举办各种临时展览。

厦门市博物馆现有馆藏文物近两万件。有历代陶瓷器、书画、典籍与契约文书、玉器、铜器、木雕、石雕、民俗文物、国际友谊礼品等，已经鉴定的三级以上文物约2000件。

陶瓷器： 从新石器时代的陶器，到造型多样的汉代铅釉陶以及鲜艳夺目的唐三彩，从商周原始青瓷到明清时期各类单色釉瓷和彩绘瓷器，厦门市博物馆都有大量收藏。其中明清各朝官窑瓷器珍品荟萃，熠熠生辉。颇具地方特色的闽南历代外销瓷是本馆近年着力征集的特色藏品。如德化窑的明代白瓷和清代青花瓷，漳州窑众多窑口生产的各类青花瓷、素三彩瓷、米黄釉瓷和青瓷等。其中漳州窑生产的素三彩瓷和"克拉克"瓷的发现和发掘是中国陶瓷史上的一次重大发现，扩大了我国彩瓷窑址的分布范围，开阔了人们的视野，丰富了人们的认识，为东南亚各国及日本收藏甚多的各类素三彩瓷和"克拉克"瓷找到了归宿，为研究我国明清时期素三彩瓷和"克拉克"瓷的烧造工艺、发展演变等提供了重要资料，同时对研究中外陶瓷贸易、陶瓷技术与文化交流史具有重大学术价值和意义。图集中收录了历代名窑和官窑瓷器佳作105件，其中唐长沙窑青黄釉狮豸香熏（图版85）；北宋青釉带盖多嘴魂瓶（图版87）；南宋青釉刻划建筑图案大盖罐（图版88）；清乾隆冬青地堆贴祥云福

寿纹大缸（图版144）；清初德化窑素三彩达摩坐像（图版180）；清"思亭"款紫砂梨形壶（图版187）等都是难得一见的孤品或珍品。

书画： 馆藏书画以明清两季的作品为大宗，其中不乏享誉全国的佳作。明清时期闽籍书画家人才济济，名家辈出，在当时的中国画坛上享有盛名而载入史册，但大部分至今名声不扬或鲜为人知。

闽台书画，源远流长。在台湾书画界有所谓的"闽习"之称，台湾的许多书画名家来自福建，台籍画家林觉、许龙、谢彬等的人物画，明显受到福建宁化、号称清初"扬州八怪"之一的黄慎作品的影响。台湾著名艺评家林柏亭先生说："台湾的绘画传自福建地区的画风，决定台湾绘画的发展倾向。"（1990年《台湾美术年鉴·中原绘画与台湾的关系》）。乾隆至嘉庆年间的台籍画家林朝英，道光年间闽籍旅台画家谢颖苏，是对台湾早期书画影响最大的两位画家，可惜他们的艺术，台湾之外知之甚少，台湾评论界认为这是中国书画史上被遗漏的"双璧"画家。本图集收录了明、清和近现代书画佳作82幅，着重收录了与闽台有关的作品。书法作品中，有明万历福建晋江人，与邢侗、董其昌、米万钟齐名，时称"明四家"的张瑞图绢本草书条幅（图版49）；明万历福建漳浦人，官任礼部尚书的黄道周纸本行书手卷（图版50）；清乾隆侯官（今福州）人，官至内阁大学士兼礼部侍郎郑际唐绢本行书中堂（图版62）；享誉闽台两岸的书法及金石大师，金门西村人吕世宜隶书条

幅（图版 58）；清末福建侯官（今福州）人，督办台湾海防兼各国事务钦差大臣沈葆桢行书对联（图版 65）；清福州人，官至内阁大学士陈宝琛行书四条屏（图版 71）。绘画作品中，有明末清初福建泉州人，著名画家王建章山水图册页（图版 5）；明末清初福建崇安人李霨华、刘芳躅书画合轴（图版 8）；清初福建长汀人上官周浅绛山水图轴（图版 11）；清乾隆福建诏安人，画艺高超而又淡泊名利的画家沈瑶池人物画纸本中堂（图版 16）等等。在此不一一列举，这些书画作者都称得上是古代闽台籍书画家中的佼佼者。

此外，明代中后期陆治山斋客话山水绢本图卷（图版 1）；明仇英汉宫春晓重彩绢本图卷（图版 2）；明尤求饮中八仙工笔设色纸本图卷（图版 4）；清"扬州八怪"之一的李鱓天竹水仙图设色纸本立轴（图版 13）；清末实业家，光绪状元，1905年创办了中国第一家博物馆——南通博物苑的张謇行楷纸本对联（图版 70）；还有1960年秋朱德委员长来厦门视察时，应厦门市委第一书记袁改的请求，为高崎海堤纪念碑所题写的"移山填海"四字行楷条幅（图版82）等，也都是难得之书法绘画精品。

典籍与契约文书：闽台两地明清时期的契约文书和两岸诗人的唱和诗作、书信及照片等，是厦门市博物馆的一笔巨大财富。契约文书包括鱼鳞图册、置产簿、税契、合同、帐册字据、阄书、函牍等，是本馆最具特色的藏品之一，其内容涉及土地买卖、典当、租佃关系、宗法制度、赋役、民事纠纷、司法纠纷、乡政管理、民间组织等等，对于研究历史上闽南地区的政治经济状况、土地关系、思想文化、社会变迁、民俗风情以及明清时期的闽台关系，都具有重要的历史价值。具体而言，馆藏大量具有闽台区域特色的契约；部分涉台契约文书；部分涉外契约文书；反映鼓浪屿重要史实的契约；有关厦门创办工商业的契约。这些民间文书是闽台地区特殊的地域条件和特定的历史条件下形成的文书资料。首先，它真实、细致地反映了历史上闽台地区民间生活的概貌，体现出闽台地区特有的语言习惯和方言特点，反映出闽台地区行政区划演变、地理名称的沿革，具有语言学和历史地理学的重要研究价值；其次，这批民间契约文书真实记录了民间社会经济包括农业、手工业、商业等各行业生活的实态，反映了各时期政府对民间经济活动的监督管理状况，国家的土地法律制度和财政赋税制度的变革状况，体现出不同历史阶段，不同地区土地价格的差异情况等等，其历史信息异常丰富，具有重要的历史研究价值；再次，这批民间契约文书是数百年来闽台地区民间社会民事交往、经济交易活动的最原始、最真实的文字记录，如实反映出该地区民间社会的经济生活、风俗习惯、社会心理和人情动态等诸多方面的社会问题，具有重要的社会学研究价值；又次，民间契约文书作为数百年来闽台地区民间社会民事交往、经济交易活动的法律文书凭证，具有重要的法学研究价值。契约文书作为数百年来闽台地区先民物质生活的一种历史遗存，其本身也有重要的文物价值。本图集收录的清雍正十三年（1735年）黄士哲等立洗找契尾，是反映当时福建人东渡台湾开发、生活的一个缩影，十分珍贵（图版215）；清光绪十九年（1893年）厦门人杜四端在香港经营发迹后，集资创办"銮裕纱厂"，产品销往海外，这是厦门历史上最早的一家中外合资企业，杜四端等所立合办纱厂契约是研究厦门工业发展史的重要资料（图版216）；台湾著名爱国史志学家，《台湾通史》的作者，现任台湾国民党名誉主席连战的祖父连雅棠（又名连横）民国甲子年（1924年）为厦门官绅林菽庄先生撰写的对联，是闽台文坛雅事的真实记录，弥足珍贵（图版217）；民国年间，厦门官绅林尔嘉与洋人税务司因地产纠纷而打官司，发表"为菽庄石桥被毁及私权横受侵害事谨告同胞书"，在列强横行的旧中国，敢于运用法律武器，充分利用社会舆论，大挫洋人威风，这在当时实属不易，"告同胞书"是难得一见的珍贵资料（图版218）；民国二十六年（1937年）江苏人袁阿大在厦门签约前往南洋吧城打工，反映了民国年间由厦门港出洋的华工的大致情形，是罕见的研究契约华工的资料（图版219）。

玉器杂项：馆藏古代工艺品种类繁多，主要有玉器、漆器、金银器、竹木牙雕等。玉器中有17件是清宫旧藏，是慈禧太后赏赐台湾清末首富板桥林家林尔嘉的珍品。1985年由其裔孙林慰祯代表家族捐赠给厦门市博物馆收藏。这些玉器采用优质和田玉制作，碾琢精细，色泽洁白温润，体现了清中期琢玉的时代风格和精湛技艺。清乾隆白玉御题薄意山水带盖贯耳扁瓶，是这批玉器中的代表作品（图版194）；辽代錾花双龙纹金壶，造型灵巧，纹饰精美，通体金黄，是不可多得的古代艺术珍品（图版213）；清代乐律石刻井圈，把五音、天干、地支、十二律配对刻在井圈上，对研究古代音乐文化具有十分重要的意义（图版207）；还有一组12件成套的商周时期石锛，是馆藏一级文物。1985年12月福建南安县水头乡出土，这套石锛由大到小分三层整齐叠放，无使用痕迹，有专家推测其为石制礼器，极为罕见（图版206）。

石雕：馆藏一千多件石雕作品也是本馆最具特色的藏品之一。藏品大多来自厦门海关多年来打击走私所获。自宋代至民国时期各种各样的石雕精品，分为建筑、宗教、陵墓和生产生活用器四大类，品种近百种，有人物、动物、神灵、建筑构件、生产工具、生活用具等等，其中既有福建工匠的杰作，亦不乏邻省与北方的石雕精品。众多的狮、虎、羊、猪或凶猛或憨态可掬；林林总总的石柱础或如覆盆或如圆鼓；众多样式各异的石窗上雕刻的历史故事、传说人物与景物等栩栩如生；林立的石龙柱是闽地民间信仰兴盛的见证……馆藏石雕充分体现了中国北方粗犷威武、南方细腻雅趣的石雕艺术风格。

丰富的馆藏品为开展学术研究提供了很好资源，多年来博物馆培养的人才队伍在馆藏文物研究上取得了可喜的成绩。目前，本馆单独或与馆外合作出版了

《鼓浪屿建筑艺术丛谈》、《到鼓浪屿去看老别墅》、《厦门风物》、《厦门碑铭》、《厦门方志》、《青铜器鉴定概论》、《厦门博物馆建馆十周年成果文集》、《闽南古陶瓷研究》、《厦门典藏契约文书》、《漳州窑素三彩瓷》、《厦门窑》、《莆田窑》以及英文版《中国厦门》等书刊著作十余部，发表各类学术论文近200篇，取得了丰硕的研究成果。

丰富的馆藏品也为开展陈列展览、宣传教育提供了很好的资源。本馆根据厦门历史发展轨迹与文化特色，结合经济特区开放城市的优势，坚持以基本陈列为主，同时着力作好临时展览，以增加活力。建馆以来利用馆藏品开办的主要陈列有："厦门历史"、"特区建设"、"国际礼品展"、"馆藏玉器"、"厦门书画精品"、"厦门体育明星"、"厦门海关查没走私文物展"、"鼓浪屿建筑摄影"、"古石雕大观"、"闽南民间古陶瓷"、"闽台民俗"等，其中"闽台民俗展"荣获1998年全国文物陈列十大精品奖。

为了配合新馆开馆，为了展示博物馆的藏品和研究成果，我们特从创馆二十多年来征集的近两万件各类藏品中，挑选出两百多件作品收入本图集，尚有许多精品、珍品鉴于时间仓促和篇幅限制，无法一次选入。本图集中的藏品，有地方历史文物，也有其他类别的传世珍品，配有简要的文字介绍，汇编成集，以飨读者。

随着社会经济文化的快速发展，人们对博物馆也表现出愈来愈加浓厚的兴趣，以前门庭冷落的博物馆，如今车马渐多，吸引了众多的观赏者。这不仅反映出人们在物质生活提高后对精神生活的迫切要求，也反映出全民族文化素质的提高，这都为博物馆事业的进一步发展奠定了良好的基础。我们有理由相信，在党和政府的高度重视下，坚持社会效益第一，依靠社会各界和广大人民群众的积极参与和大力支持，经过广大文物博物馆工作者的共同努力，厦门市博物馆这一造福子孙后代的文化事业，必定能繁荣与发达。

2007年1月

（作者系厦门市博物馆馆长）

图版目录

陶 瓷

绘画

书法　法瓷

陶玉　瓷器

　　杂项

厦门市博物馆藏品集粹
XIAMENSHIBOWUGUANCANGPINJICUI

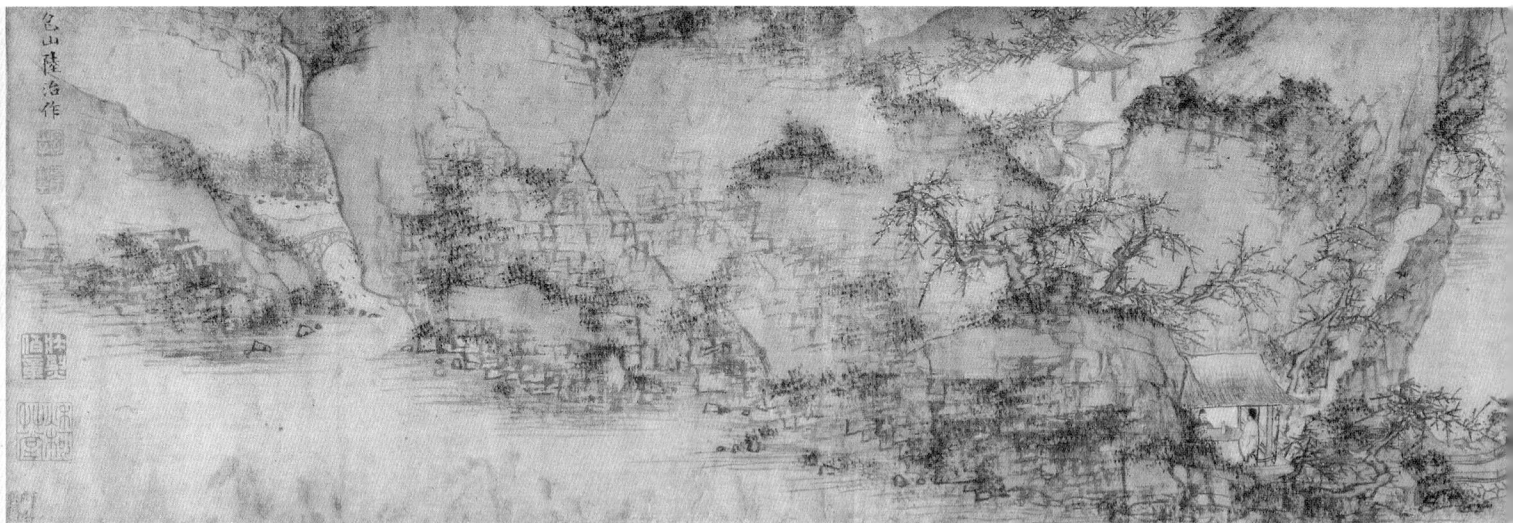

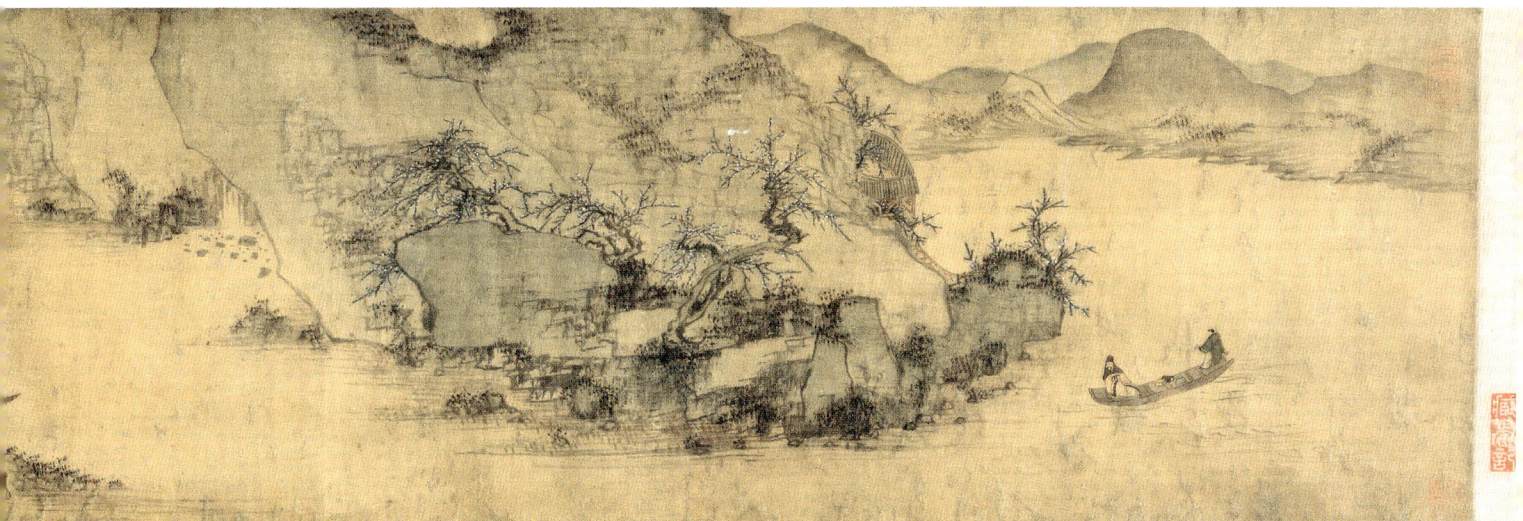

1. 明 陆治山斋客话图卷

绢本 纵27厘米 横165厘米

陆治（1496~1576），字叔平，号包山子，吴县（今江苏苏州）人。属吴门画派后期的画家，曾从祝允明、文徵明学书画，能山水，精花鸟。山水喜仿宋人，擅用焦墨皴擦。传世作品有：《端阳即景图》、《雪峰林谷图》、《竹林长夏图》、《桃竹锦鸡图》、《浪恬波息图》等。

此画将文人闲情逸致描绘得恰到好处。构思上不拘小节，漫不经心，平淡而极富情致。

（林 蓁）

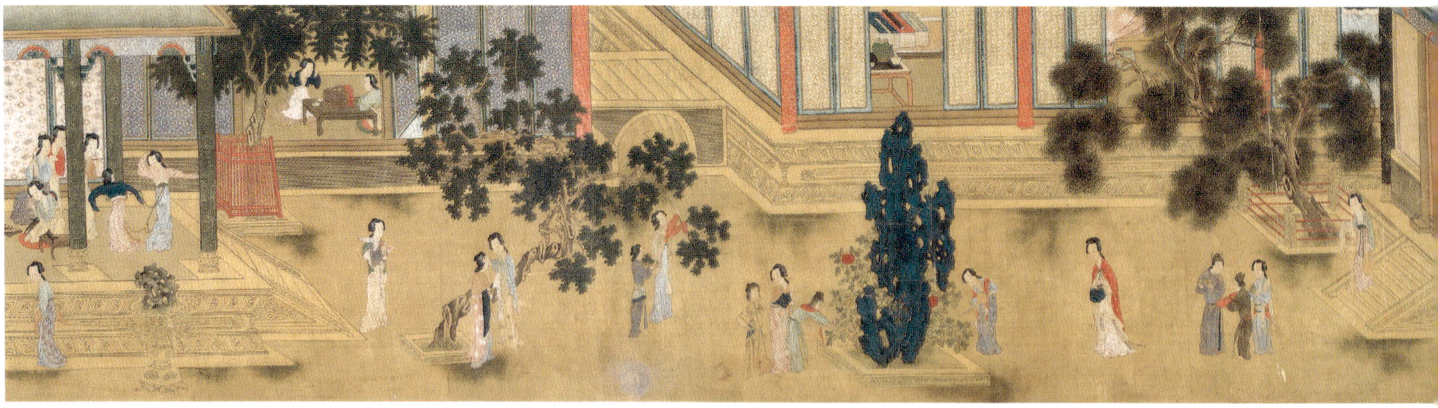

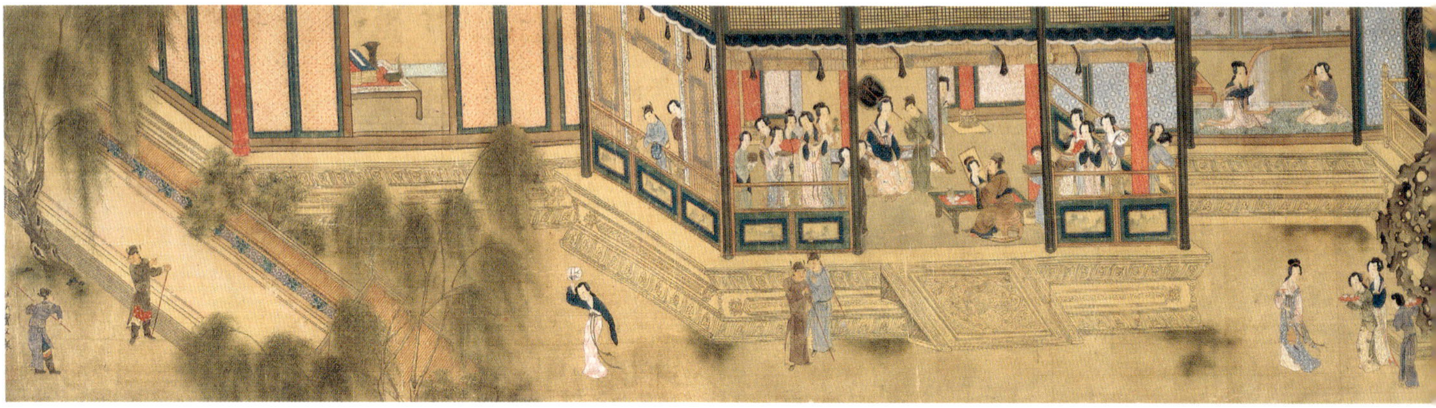

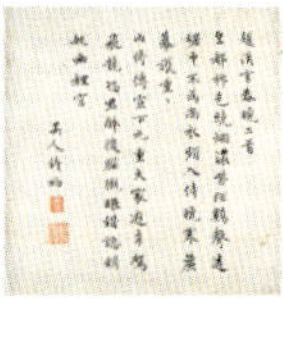

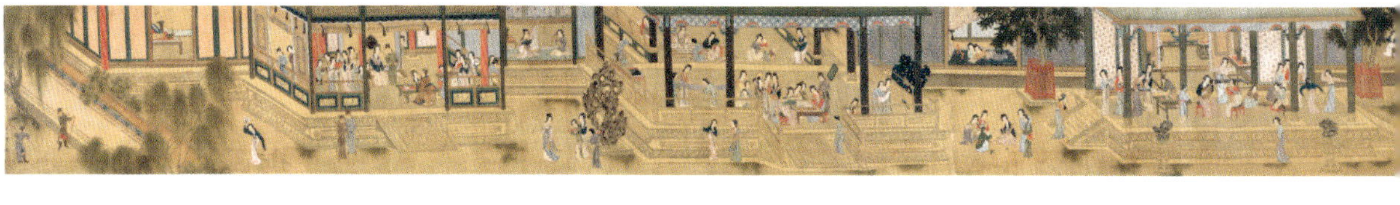

2. 明 仇英汉宫春晓图卷

绢本 重彩 纵30厘米 横611厘米

仇英（1509～1552），字实父，一作实甫，号十洲，太仓（今江苏太仓）人，移家吴县（今江苏苏州）。

仇英擅长画人物、山水、花鸟、楼阁界画，尤工仕女。他功力深厚，以临仿唐宋名家稿本为多。画法主要师承赵伯驹和南宋"院体"，以工笔重彩为主。青绿山水和人物故事画，形象精确，工细雅秀，含蓄蕴藉，色调淡雅清丽，具有文人画的笔致墨韵。

《汉宫春晓图卷》写宫中嫔妃生活，工笔重彩着色。绘有113个刻画细腻、神采各异的人物。凡画之处工细极备，精劲流畅，神采生动，传神极致，其华缛藻丽，无愧占人。

（赵庆生）

3. 明 仿仇英款雁荡山图卷

绢本 设色 纵24厘米 横340厘米

仿明仇英雁荡山图卷。笔法取"元四家"，尤得力黄鹤山樵。纯用小斧劈为山石之皴，浅绛着色，焦墨点苔。此图是用山水画笔法绘制成的导游图像，后添"仇英"款。此画卷于1989年送福州，经中国古书画鉴定小组专家鉴定，定名为"明无款雁荡山图卷"，并辑入《中国古代书画图目》（文物出版社，第十四册）。

（赵庆生）

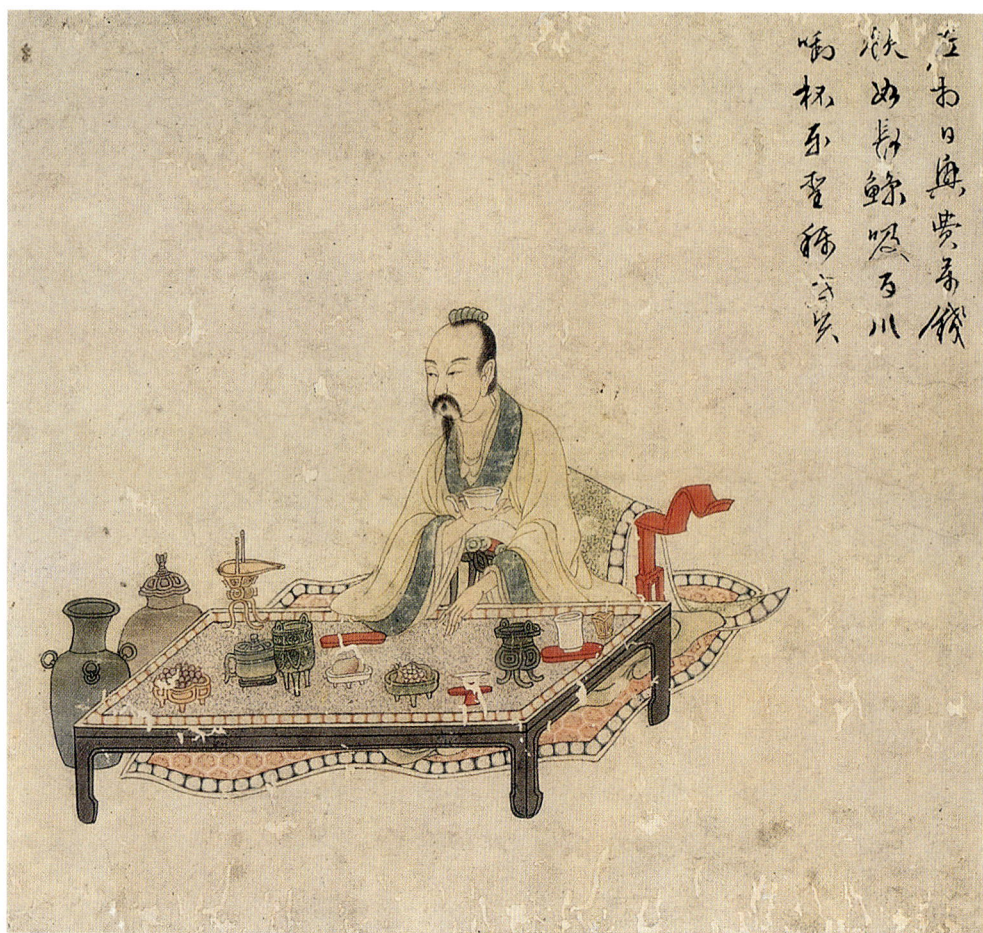

明　尤求饮中八仙图卷（局部之二）

明 尤求饮中八仙图卷（局部之一）

4. 明 尤求饮中八仙图卷

纸本 工笔设色 纵30.5厘米 横65.6厘米

尤求（生卒年不详），字子求，明代画家。号凤丘，长洲人。工山水人物，亦善道释画，尤长仕女、白描。画学刘松年、钱舜举，工山水。曾画太仓小西门关帝庙壁画，又为弇山藏经阁壁画诸佛像。曾临摹北宋《睢阳五老图》副本（五老指杜衍、王焕、毕世长、朱贯、冯平），为朱氏后裔保存。白描仕女，冶艳绝世，可称仇英之后劲。

此件作品1988年11月在福建省博物馆经谢稚柳、刘九庵、杨仁恺鉴定为真品。

（赵庆生）

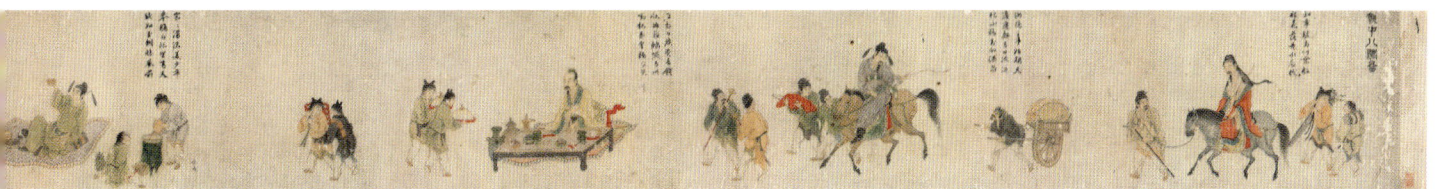

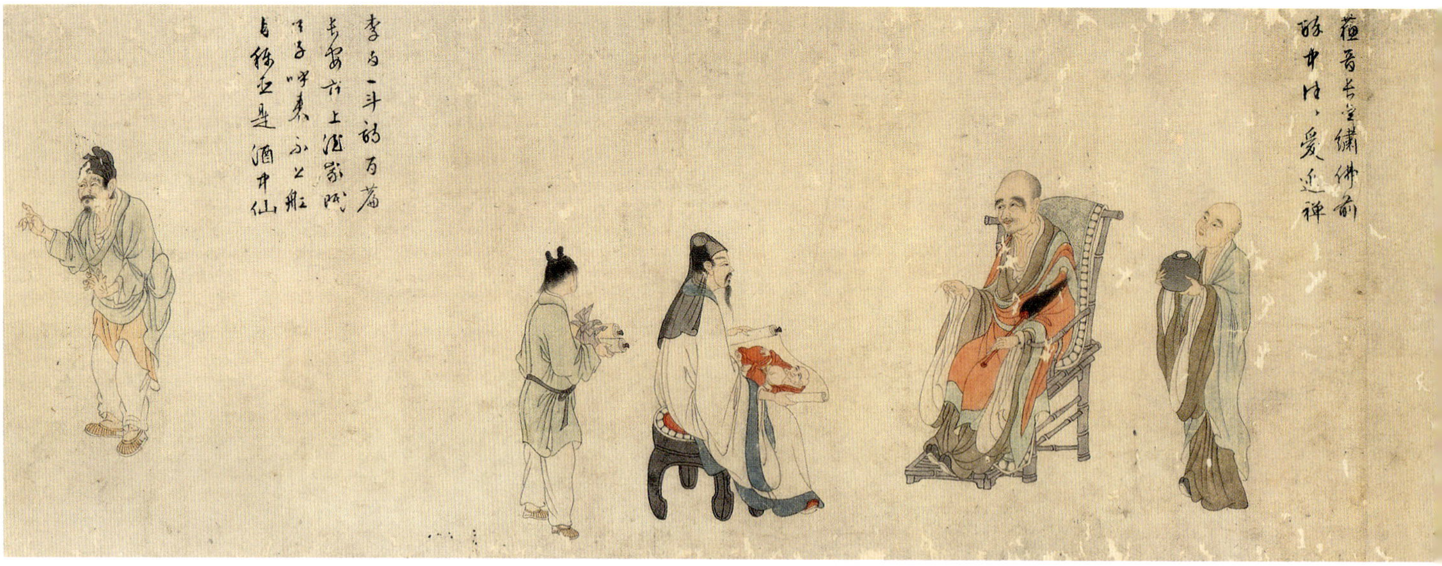
苏晋长斋绣佛前
醉中往往爱逃禅
李白一斗诗百篇
长安市上酒家眠
天子呼来不上船
自称臣是酒中仙

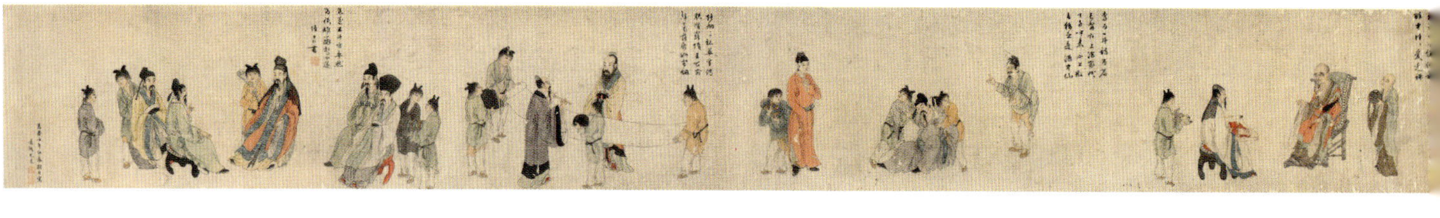

宗之潇洒美少年
举觞白眼望青天
皎如玉树临风前

明 尤求饮中八仙图卷（局部之三）

明 尤求饮中八仙图卷（局部之四）

明 尤求饮中八仙图卷（局部之六）

知
章
三
杯
草
聖
傳

眠
帽
落
情
王
公
前

揮
毫
落
紙
如
雲
烟

明 尤求饮中八仙图卷（局部之五）

5. 明 王建章山水图册页

纸本 设色 纵31.6厘米 横28.2厘米

王建章，明末清初画家，字仲初，号砚墨居士，福建泉州人。山水宗董源，笔力雄健，意境深幽。摹古功力深厚，善于用墨，枯焦而能华滋，润湿而不漫漶。亦工写生，花卉翎毛颇有生意，为时所重。性耿介，不轻易落笔。崇祯三年（1630）作《庐山瀑布图》，四年作《仿赵孟頫罗汉图》卷，顺治六年（1649）赴日本，七年作《琵琶行图》。传世作品有《云岭水声图》。

该图册共十二幅，现仅存六幅。此写意山水，颇入古法。依次为：(1) 岩壑瀠洄，款"王建章印"（白文）、"仲初"（朱文）。(2) 峻濑行舟，款"王建章"，钤"仲初"（朱文）。(3) 峰回路转，款"仲初"（朱文印）。(4) 流激湍，款印同 (3)。(5) 沙汀过雁，款"王建章"，钤"王建章印"（白文）。(6) 中洲怪石，款"东皋居士建章"，印同 (1)。

（赵庆生）

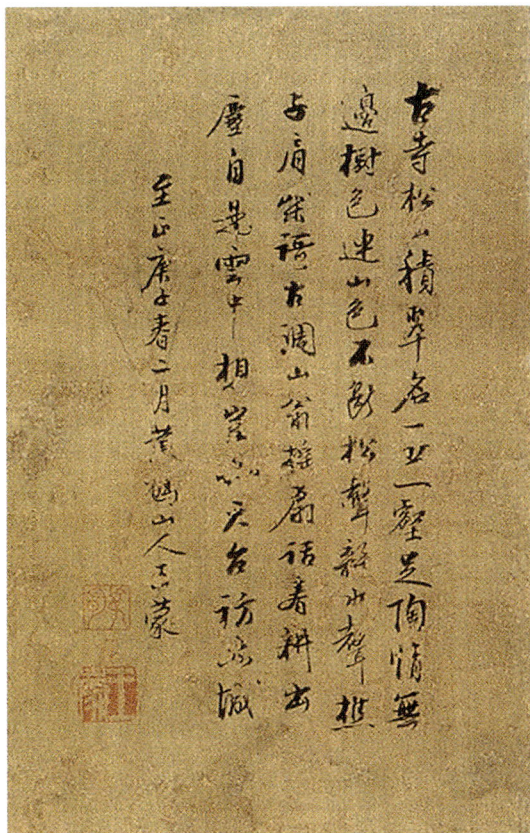

6. 明　仿王蒙浅绛山水中堂

纸本　纵155厘米　横48厘米

王蒙（1308～1385），字叔明，号黄鹤山樵。浙江湖州（今吴兴）人。

王蒙外祖父赵孟頫，外祖母管道升均为元代名家，在绘画上王蒙成就尤高，与倪云林、黄公望、吴镇齐名，史称"元四家"，其代表作有《林泉清集图》等。

该图视其风格及用笔，绝似王蒙真迹，然上左侧有元代著名画家柯九思七绝诗跋连款四行，此种诗跋元人极少，再则，柯九思生卒年据俞剑华《中国美术家人名辞典》、王伯敏《中国绘画史》、徐邦达《历代书画家传记考辨》等为1290～1343年，享年54岁。柯年长王蒙18秋，又比王早卒42年，是不可能为王蒙作品题跋的。此图应为后人仿作，视其纸质、墨色、印款等，疑为高人所仿。

（白　墨）

7. 明 仿沈周山水什锦图卷

纸本　纵32厘米　横55厘米

沈周（1427~1509），字启南，号石田，"明四家"之一。其画早年学王蒙，中年学黄公望，晚年醉心于吴镇。用笔刚劲老健，笔笔见力，用墨浓中见淡，湿中带干。他留下的画作，有"粗沈"、"细沈"两种。因"细沈"流传较少，而更显名贵。台北故宫博物院和上海博物馆收藏有他的作品。

此图用写意手法，以浓淡不同的墨色来表现烟云出没的江南湿润的气候，用墨设色淡雅，层次分明，此画虽有沈周的绘画韵味，技法与之相比尚欠缺一些，可能是清前期仿品，但不失为一件佳作。

（陈建标）

8. 明 李辉华、刘芳躅书画合轴

纸本 纵35厘米 横35厘米

李辉华（？~1643），字去笔，号韦庵，崇安人。天启元年（1621）选入南雍，笃学履道，晚授福州教授。入清（1644）栖止更衣台，年近七旬，犹于灯下注《东莱博议》，皆蝇头小楷。有《和林君复山居诗》。人以靖节拟之。著《易道史》、《四书窹言》诸书。入载《中国美术家人名大辞典》。此画作于明崇祯十三年（1640），系仿宋代米家山水。

刘芳躅书法镜片。作品有破损，但字迹基本完好。共有行书六行，内容为七言律诗。刘芳躅生平无考。观其书法，运笔流畅、意境恬淡、洒脱。

（林秀琴）

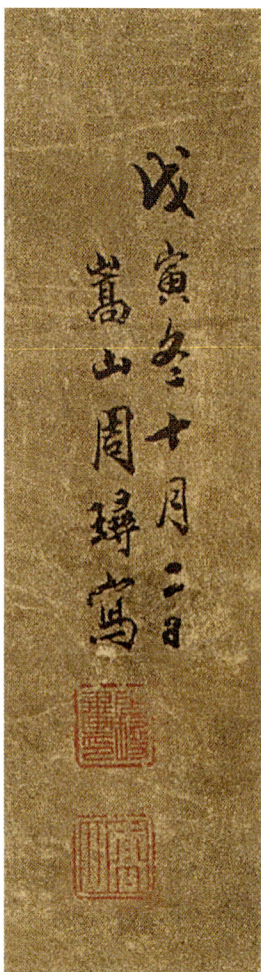

9. 清 周璕积雪山居图轴

纸本 纵120厘米 横31厘米

周璕（1649～1729），字昆来，号嵩山，原籍河南商丘，久寓江宁（今南京），雍正七年（1729）与张天来等发动农民起义抗清，为监生于汇泄露，被捕遭迫害，卒年八十一。

擅画人物、花卉及龙马，而画龙尤妙。烘染云雾，浅深远近，云气瀚然。所撰人物、龙马、松柏、牡丹皆能独出己见，不袭前人。有《铁骥图》、《墨龙图》，现藏南京博物院。

此立轴，如赵大年法画雪松，用高远构图，由近及远，由浓及淡，层次井然，高旷神怡，用笔稳重。

（郑维明）

10. 清 徐溶仿董源夏山图轴

纸本 设色 纵140厘米 横40厘米

徐溶（1662~1735），字云沧，号杉亭，更号白洋山人。清康熙、雍正年间
江苏吴江人，画山水得王石谷指导，笔墨苍秀，浅绛尤妙。

此图画浅绛秋山，重叠有致。用长披麻皴和荷叶皴为之，点染干净，颇
得宋元山水的笔墨情趣，洵为佳作。

（苏维真）

11. 清 上官周浅绛山水图轴

纸本 纵111厘米 横28厘米

上官周（1665~1750），字文佐，号竹庄，福建长汀官坊人，擅长诗文、书法、篆刻，尤精绘画。曾奉旨北上与王石谷、王原祁合作《康熙南巡图》12卷（现藏故宫博物院），所绘人物近万人，无不形神逼肖、生动多姿，生活气息浓郁，体现了当时的社会风貌。著有《晚笑堂画传》，精心刻画120位历史人物绣像，清版《芥子园画谱》中之人物画即是也。

上官周的传世作品有：《艑篷出峡图》，现藏荣宝斋；《闽台春光图》，现藏上海博物馆；《孤山放鹤图》，现藏中国美术馆；《闽台风声图》，流入日本。

此件山水作品，峰峦出没，云雾湿晦，烟岚弥漫，山石杂树，颇具功力，笔墨超逸，潇洒自然，画面疏朗空灵，似有仙境真趣，令人悦目，引人入胜，实为难得的精妙之品。

（白 墨）

12. 清 蒋廷锡花鸟四条屏

绢本 设色 纵95厘米 横27.5厘米

蒋廷锡（1669~1732），字扬孙，一字西君，号西谷，一号南沙，又号青铜居士。江苏常熟人。康熙四十二年（1703）进士，官至户部尚书，大学士，谥文肃。工书善画，人或谓宫廷画家，但笔者以为：宫廷画家即御用文人，是宫廷中专业从事绘画者。蒋廷锡乃朝中一品大员，主从政，作书作画乃逸兴而已，所以他首先应是宫吏，次为学者、画家。

蒋廷锡师承恽寿平没骨画技，变其纤丽之风，多作兼工带写花鸟画。传世作品有：《拜石图》，现藏中国美术馆；《花卉图》，现藏南京博物院。蒋氏传世真迹绝少，多为马元驭、马逸父子代笔。

此四条屏花鸟其用笔工写兼出，色墨并施，描摹生活，取其形神，然画境虽有新意，却仍未脱传统模式。

（白　墨）

来实金英雪未消先催春气
上寒条一林家雀时来逢不数
松篁说後涧乾隆七年中冬高
豪堂李鱓

13. 清 李鱓天竹水仙图轴

纸本 设色 纵158厘米 横46厘米

李鱓（1686～约1762），字宗扬，号复堂、别名懊道人。扬州府属兴化县人，"扬州八怪"之一。他工诗书，善写意花鸟，兼能山水，风格独特，富有创造性，取得了较高的成就，其艺术对后世画坛影响甚大。其画法一反文人画的纤弱妩媚，笔酣墨畅，纵横奇肆，淋漓泼辣，天趣横生。

（赵庆生）

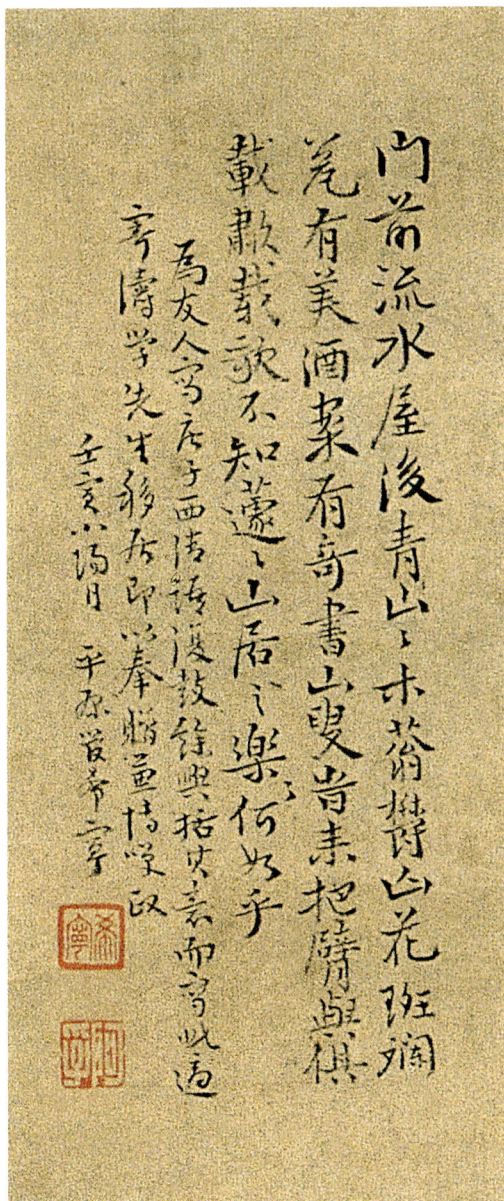

14. 清 管希宁深山读书图轴

　　纸本 设色 纵100厘米 横33厘米

管希宁（1712～1785），字幼孚，号平原生，又号金牛山人。江都（今扬州）人，清代乾隆年间画家。工书画金石，以画山水名世，也绘人物，间写花草。

此幅系浅绛山水画，用笔有"四王"之旨趣，采用高远深邃构图之法，再施以浅绛色，使整幅画面意境悠远，层次分明，让人有沉静之感。此画作于清乾隆四十七年壬寅（1782），为晚年佳作。

（苏维真）

江上春風又八年老人眠食可

依然進辰能否登山復懷昔

遍徑出郭船陽里痛憶心自惜

子瞻乘興事徒傳墨其亦

見風流戲劇露頂揮毫在眼

前

蘗石先生告歸後申辰在秀州

一睡於今又壬子矣展圍懷舊

而作此詩九十老莉更憶風煇起

向来好事岳俊能為令人昌鴻

懷起

皇十一子

15. 清 钱载水墨山水图卷

纸本 纵27.5厘米 横105厘米

钱载（1708～1793），字坤一，号箨石，又号匏尊、晚号万松居士、百福老人，秀水（今浙江嘉兴）人。乾隆十七年（1752）进士，官礼部侍郎。学问渊懋，品行修洁。工诗文精绘画，善水墨，尤工兰竹。其设色花卉，简淡超脱，大有徐渭、陈淳遗意。所写兰石，天然逸致，神趣横溢。传世画作有：《兰石图》轴、《菊石图》轴、《枯木寒鸦图》轴、《为兰圃写殿香花图》扇面。著有《箨石斋集》。

此图卷，画丛竹山峦，清溪迂曲其间，画面清淡秀雅，构图错落有致。后隔水有"皇十一子"行书题跋，连诗共十一行（诗乃七绝二首）。

（林 蓁）

16. 清 沈瑶池人物画中堂

纸本 纵107厘米 横53厘米

沈瑶池（1736～1795），字古松，福建诏安人，画艺高超，淡泊名利。擅人物、花鸟，尤长画鹰。用笔豪放，形神兼备。北京故宫博物院和福建省博物院收藏有他的作品。

此中堂画铁拐李，神态笑容可掬，嬉戏蝙蝠。执杖、背袋有着色。

（郑维明）

17. 清 万上遴春郊试马图中堂

绢本 纵112厘米 横47.5厘米

万上遴（1739~1813），字殿卿，号辋冈，江西分宜城郊辋冈人。仕途不顺。

晚年工山水，所画林壑深邃，有"尺幅千里之胜"。代表作有《镜吾图》等。尤喜画梅，独创一格，其指画梅花，号称"指梅"，疏花细蕊，挥指点染，别开生面。传世作品有：《谿山访友图》轴，现藏安徽省博物馆；《墨梅图》轴，现藏辽宁省博物馆。

此中堂，画春郊柳岸。笔墨超逸秀丽，无作家习气。所画山水意境幽深，苍浑秀润。人物描绘结构严谨，形态自然。

（郑维明）

18. 清 姜壎洛神图轴

纸本 工笔设色 纵85厘米 横30厘米

姜壎（1764～1821），《瓯钵罗室书画过目考》作壎，号晓泉，又号鸳鸯亭长，一号红茵馆主人，华亭（今上海松江）人。为铁保制军幕客。擅长仕女画，精于敷粉施色，肌理细腻，笔姿清劲。著有《洗红轩诗》。卒年五十八。按《宋元明清书画家年表》，一作卒于道光十四年（1834），卒年七十一。

此图根据三国诗人曹植的《洛神赋》而作。绘洛神微步水上、云髻高束，饰以凤簪，衣带飘动，颇具仙姿。工笔淡彩，用线清雅柔和，敷色沉稳清丽。

（彭维斌）

19. 清 梁元翀山水图轴

绢本 纵120厘米 横36厘米

梁元翀（1764～1832），字章远，号济石，又号三松居士，广东顺德人。其画山水，以秀润济其古劲，用笔坚苍有古趣。

图中笔墨严整，山石多披麻皴为主，苍劲醇厚，浓郁工致。远山雄峻端庄，中部山峦树木成林，山谷之中隐约可见茅屋二楹；近景曲径小溪，岸石堆垒，树种多样，姿态各异，树木枝叶，勾点结合，恰到好处。整体构图层次分明，意境深远，赋色古朴幽雅。

（林 蓁）

20. 清 周凯水墨山水条幅

纸本 纵100.5厘米 横30厘米

周凯（1778～1837），字仲礼，号芸皋，浙江富阳人，嘉庆十六年（1811）进士，道光十年（1830）任兴泉永兵备道，倡修玉屏书院，聘请名师讲学，创修《厦门志》、《金门志》，十三年（1833）调任台湾道，卒于任上。著有《内自讼斋诗抄》。工书画，山水浑雅苍秀，兼学元、明诸大家。

该山水条幅系水墨写意，描绘一幅秋尽冬初景象，构思精巧，风格清雅，层次分明，颇具元、明大家画意。

（陈进东）

嘉庆甲子九秋仿江
贯道笔意
翟大坤

21. 清 翟大坤浅绛秋山图中堂

纸本 纵143厘米 横73.5厘米

翟大坤（？～1804），号雪屏，浙江嘉
兴人，寄居吴门（今江苏苏州），性
格萧散，好书画，书学十七帖、孙过
庭，山水兼宗宋元，奄有诸家之长，
任意挥洒，皆成妙构，其《沙存访友
图》最工。

此大中堂，画秋山，林木萧疏，亭榭
临溪，有木桥通焉。上有高山峦，用
长披麻，下则披麻、斧劈兼之。山水
流泉盘曲，乃多王原祁之笔法。

（陈进东）

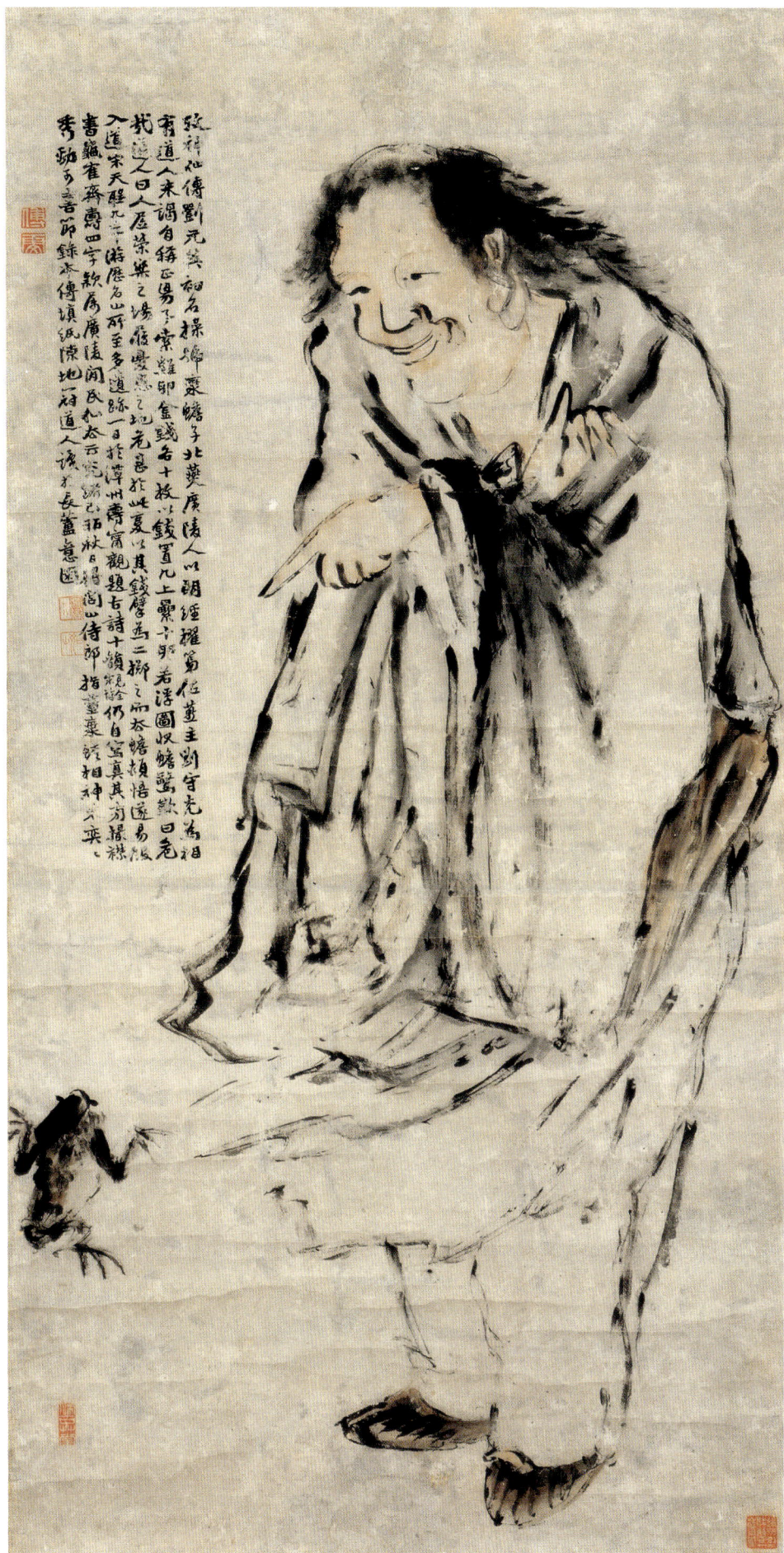

22. 清 傅雯刘海戏蟾中堂

纸本 纵118厘米 横60厘米

傅雯(生卒年不详),字紫来,一字凯亭,号香嶙,别号凯头陀,奉天广宁(今辽宁北镇)人。官骁骑校。工指画,清初著名指画家高其佩入室弟子,乾隆时供奉内廷。善画鹰,亦能人物、山水。有干皴《牧童》一幅,雄秀之气出于天然。所作山水意境深远,颇有生趣。长于诗文,画风古拙苍劲。《胜果妙音图》是他的代表作。

该画人物描写着重刻画动态,整个画面充满生活情趣。造像指沫娴熟,衣纹深墨干皴,衣角随风飘动,人物静态与蟾的动态完美结合,洒脱传神,别具一格,当系傅氏致兴得意之作。

(陈建标)

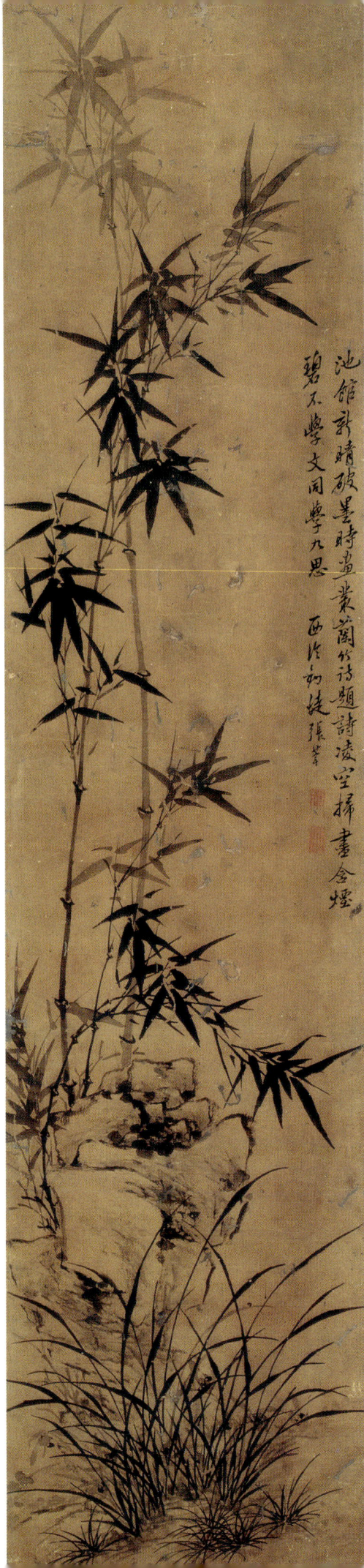

23. 清 张莘水墨兰竹图条幅

纸本 纵127厘米 横29厘米

张莘，生卒年无考，初名昆，字秋谷，号西泠钓徒，杭州人，侨寓苏州。工花卉、山水，兰竹师仲圭、王冕法。乾隆四十六年游日本长崎，七年后回国。《中国美术家人名辞典》有传。

此幅水墨画，作者用浓淡墨画竹和兰花，突出画面主题。用笔遒健圆劲。亦是一幅不可多得的佳品。

（陈建标）

24. 清 戴熙水墨山水图册页

纸本 共十二帧 纵24.7厘米 横17.2厘米

戴熙（1801～1860），字醇士，号鹿床、榆庵、井东居士，浙江钱塘（今杭州）人。清道光十二年进士，官至兵部侍郎，工诗书，善绘画，传世作品有：《忆松图》等，现藏故宫博物院；《重杏密树图》，现藏上海博物馆。著有《习苦斋诗文集》、《习苦斋画集》、《赐砚斋题画偶录》等。

此册页均属闲情逸致之小品，山石以焦墨擦后再以湿墨渲染，颇得形神，杂树多作鹿角，很少见蟹爪，用笔老辣干练，参差繁简，恰到好处。

戴熙操艺非常自信，雄心勃勃，曾云："大丈夫耻言北宗，马（远）夏（圭）诸公不振久矣，余尝欲振起北宗，惜力不逮尔。"而他的画终显阳气不足，山水画仍未脱"四王"之衣钵。

（白 墨）

25. 清 费丹旭仕女人物册页

纸本 设色 纵23厘米 横30厘米

费丹旭（1801～1850），字子苕，号晓楼，别号环溪生，清代著名人物画家。钱塘吴淦称赞他："词以韵度胜，诗不规格调，而神致超淡，字字心声，顾俱为画所掩。"费丹旭四十岁以后在构图布景方面已达到"景愈藏，境界愈大"。《清史稿》记载他"所画仕女，娟秀有神，景物布置皆潇洒，近世无出其右者"。

此仕女画共四幅，均工笔设色，点景之山水草木则兼工带写，淡彩着色。其意境空灵如梦如烟，将诗意融入仕女画中，善于通过人物的不同姿态、神情和环境背景，表现出人物迥异的内心思绪，达到了情浓意深的艺术境界。经谢稚柳、刘九庵、杨仁恺于1988年8月在福建省博物馆鉴定为真品。

（赵庆生）

26. 清 张熊水墨山水图中堂

绢本 纵183厘米 横61.5厘米

张熊（1803～1886年），又名熊祥，字子祥，别号鸳湖外史，秀水（今嘉兴）人。流寓上海，居所名"银藤花馆"，喜收藏金石书画。画学周之冕，以花鸟为最精，尤擅牡丹，大幅巨幛愈见功力，人称其"逸纵似周之冕，古媚似王愿庵"。著作有《题画集》、《银藤花馆诗钞》。

此图峰峦峭拔，林密树茂，溪畔茅舍掩映于郁树之中。远山层叠、烟云缭绕，全画山石均用长披麻皴为主，采用焦墨和淡墨点苔，渲染树叶、山石、溪水和云雾，气韵亦生动。体现了作者较深的传统绘画功力。

（陈建标）

土气作家一格藏春同农
有之若之静之六法之点长拖
用拔是此老子小春写奉
两子小春写奉
中翁郡伯大人
肇正　秦祖永

27. 清 秦祖永浅绛山水图轴
纸本 纵95厘米 横42厘米

秦祖永（1825～1884），字逸芬，号楞烟外史，无锡人，官广东碧甲场盐大使。工诗古文辞，善书，而于六法力深研究，山水以王时敏为宗，而神理来化；补图小品，颇擅胜场。著有《桐阴论画》、《画学心印》、《桐阴画诀》。

此幅山水山石多用披麻加擦染，似王麓台之法，气韵生动。

（尤丽雪）

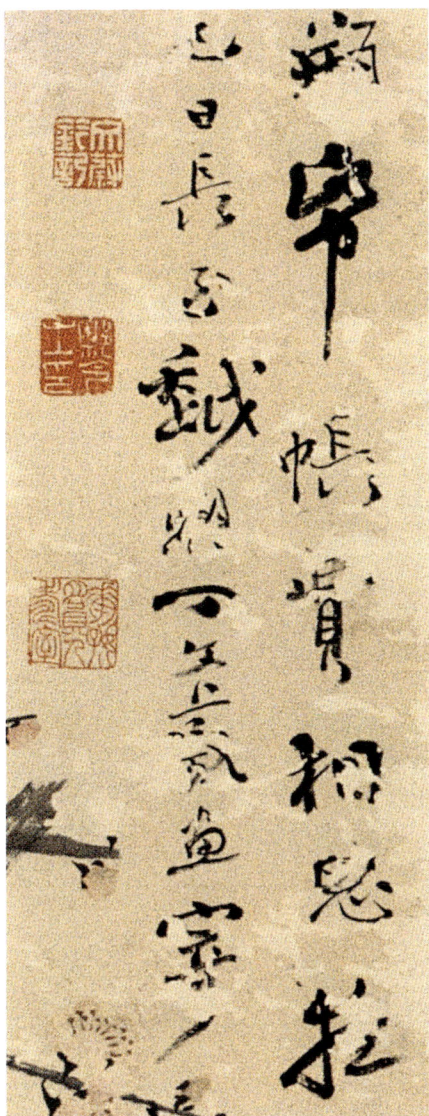

28. 清 丁文蔚岁朝清供图条幅

纸本 纵147厘米 横30.85厘米

丁文蔚（1827～1890年），字豹卿，号韵琴，又号蓝叔。浙江萧山人，官至福建长乐知县。工诗、善书画，尤长花卉，师事白阳（陈淳）、南田（恽寿平）两家，秀雅古逸。其篆隶书深得汉人古拙之趣。擅刻竹，家有大碧山馆，诗人画家常与往还。光绪十六年（1890年）逝世，终年64岁。《越中历代画人传》有传。

此幅写意画，构图简洁。整幅画笔墨虽不多，但构思不落俗套，视觉效果颇佳。

（陈建标）

29. 清 蒲华秋菊老少年图轴

纸本 设色 纵150厘米 横40厘米

蒲华（1832～1911），字作英，清末著名画家。

蒲华早年曾学画于范湖，继承了他水墨淋漓的风格，这虽然与蒲的精于书法不无关系，但"范湖法乳"，他是吮得最足的。故黄宾虹对之评价甚高，谓"百年来名家，仅守娄东、虞山及扬州八怪面目，或蓝田叔、陈老莲，惟蒲作英用笔圆健，得之书法，山水虽粗率，已不多觏，真不愧老画师矣"。

在"海派"名家中，蒲华笔墨的湿润酣畅，虚谷用笔的干枯爽辣，这两种截然不同的手法，被他们两位做到了极致。

（赵庆生）

西池桃熟南極星輝北闕花封東海福來
光緒三十四年戊申午夏之吉偽秋罷山人崇清新
雛子錢慧安柵對开誌歲月于灌叟箕庭

30. 清 钱慧安人物寿星图轴

纸本 设色 纵132厘米 横64厘米

钱慧安（1833~1911），近代画家，字吉生，湖州人，居上海，善人物仕女。细笔于墨，遒劲方折，姿容炯雅，其调介于老莲、十洲之间。

此幅中堂，线条极枯涩有味，略似黄慎。所绘人物多取民间祈福吉祥故事题材，颇为各地年画作坊乐于借用。

（赵庆生）

31. 清 冯在山水图轴
　　绢本　纵88厘米　横36厘米

冯在（生卒年不详），清道光年间人，号青山居士，余不详。

此轴山水，小青绿，画面青山叠翠，涌泉长流，树木环绕，云雾飘荡。近景一高人过溪桥，闲情漫步，意境深远。

此画布局巧妙，山石多取"南宋四大家"之夏圭、马远的斧劈法。线条遒硬，水墨苍劲，意境深远。

（郑维明）

32. 清 任薰桃花小雀扇面

　　金箔设色 纸本 纵18厘米

任薰（1835～1893），字舜琴，又字阜长，浙江萧山人，与兄任熊、侄任预、族侄任颐被后人合称"四任"。任薰作画题材广泛，对人物、山水、花卉、翎毛、走兽无所不能，尤擅花鸟、人物。其技法初学任渭长，后吸取陈老莲的传统技法，用笔沉着有力。在构图上，任薰不拘泥画面的大小，往往能创作出新颖、宽广、意境深远的佳品。

　　这幅扇面还体现了任薰工于着色的特点。红与白都是醒目鲜艳、明快的色彩，使画面绚丽热闹，又不失雅致，绚烂中透出古朴的意趣。

（彭维斌）

33. 清 何维朴山水图轴
纸本 水墨 纵107厘米 横52厘米

何维朴（1844~1925），字诗孙，晚号盘止、盘叟，又号秋华居士、晚遂老人，室名颐素斋、盘梓山房。湖南道县人，著名书法家何绍基之孙。同治六年（1867）副贡，辛亥革命后寓居上海，以书画自给，曾一度流寓厦门。有《颐素斋印存》六卷传世。卒年八十二。

此画所绘山石用披麻皴画法，画面净无尘垢，极似王石谷笔致，乃为何氏之佳作。

（苏维真）

34. 清 吴楷柳塘翠鸟图轴

纸本 设色 纵99厘米 横37.4厘米

吴楷（生卒年不详），字辛生，一名允楷，吴县（今江苏省苏州市）人。善画花卉兰石，兼擅山水，天赋甚高，多临摹元、明秘籍，其布置、运笔，无不尽优美之能事，曾师从翟琴峰（继昌），清道光、咸丰年间享有盛名。

该幅设色写意立轴，画风淡雅，字系师"扬州八怪"之一的李复堂，画中绘有芙蓉二枝，一只翠鸟立于其上，随花枝而上下起伏，清风过处，杨树摇曳，可闻翠鸟之清啼，有诗有画复有声，极具海派风格。

（陈进东）

採菊东篱下
悠然见南山
慎州之墨

35. 清 沈镜湖人物图条幅

纸本 纵177厘米 横48厘米

沈镜湖（1858~1936年），号慎草山人，福建诏安人。擅长写意人物，兼作山水、花卉、走兽，继承上官周、华嵒、黄慎等绘画风格。福建省博物院收藏有其作品。画名载入《中国美术家人名辞典》。

此条幅画面构图简洁，师承夏圭构图之法。人物线条流畅，画面生动，赋色淡雅，略施花青、赭石来表现人物面部和松针，达到了画与诗的和谐统一。

（陈建标）

陸績年六歳於九江見袁術　術
術聞之曰歸以遺母術大奇之

出橘績懷三枚拜辭墮地

丁丑二月鄭煦寫時年七十有九

36. 清 郑煦陆绩袖橘图中堂

绢本 纵152厘米 横67厘米

郑煦（1858～？），字霁林，广东香山（今中山市）人。清光绪二十九年任厦门海防分府，清末民初闽粤知名画家。

此画以《三国志》陆绩怀橘遗母的故事为题材，画面有长者二人，案首端坐者为袁术，右侧低头躬身者是六龄童陆绩，二颗橘子滚落在地。

此画工笔设色，线条流畅，清秀而不俗，设色高雅。

（尤丽雪）

37. 清 尹小霞仕女画条幅

　　绢本　纵90厘米　横20厘米

尹小霞，女，江苏常熟人。工人物，仕女尤妙，深得费丹旭之家法。费丹旭（1801～1850），字子苕，号晓楼，又号环溪生，湖州人。工写照，如镜取影，尤精补景仕女，潇洒自然。

此画整个画面清新静逸，线条流畅，人物姿态颇为优雅，以人物为中心，补景与人物融为一体，恰到好处。

（尤丽雪）

山阴与恬樂庄画长妙观移

38. 清 樊虚柳榭双美图轴
纸本 纵135厘米 横33厘米

樊虚（生卒年无考），字语恬，清晚期山阴（今浙江绍兴）人，以画美人得名。

此图兼工带小写意，画中石栏环抱、垂柳依依。该画淡雅有致，人物描写细腻而生动，线条流畅，填彩用色明快，画面简洁。其名载入《中国美术家人名辞典》和《历代画史汇传补编》。

（陈建标）

39. 清 杨永沂泥金山水纨扇

绢本 直径26厘米

杨永沂，字冠春。清代浙江海盐人。工山水，摹戴熙可乱真。画风似陆治方折瘦硬的山石皴法，究其渊源，可上溯至明初王履的画法，山水用焦墨皴擦。《中国美术家人名辞典》有传。

此幅素绢纨扇，泥金作画。纯用披麻皴，描绘湖光山色，湖边小桥人家，湖中则帆影二三，远山缥缈。

（郑维明）

40. 近代 林嘉竹林七贤图轴

纸本 工笔设色 纵137厘米 横52厘米

林嘉（1874～1939年），字瑞亭、成甫，号汉仙、东山渔子，诏安东山人。马兆麟的高足，擅人物、花鸟。白描人物追陈老莲、任伯年遗风，铁划银钩，行笔劲健，光绪间幕游台湾，喜与名士交流，余暇则闭户作画。林嘉晚年客居厦门鼓浪屿菽庄花园并开设画室，卖画为生。他的画路广，技法较全面。

图中人物线条清劲严谨，着色润泽淡雅，技法有一定功底，但其意境没有超脱于前人的局限，因而显得中规中矩，少了些许新意。

（彭维斌）

41. 近代 吴待秋山水中堂
绢本 纵112厘米 横44.5厘米

吴待秋（1878～1949年），浙江桐乡人。名澄、疏林仲子等。作画擅山水，功力深厚，重峦叠嶂，气韵生动。亦擅治印，为杭州西泠印社创办人之一。有《吴待秋山水画册》、《吴待秋花卉册》等作品刊行。

此画山石多用披麻皴法，焦墨点苔，淡淡赭色渲染树杆与山石，取法高古而且技巧非常熟练。设色浓重浅淡而不混浊，苍中带秀，刚中带柔。其笔力苍茫秀润而气骨坚凝，然布景略显呆板。

（陈建标）

丁未六月二十六日
無聲詩社第十
一集歸安金城
臨查梅臺

42. 近代 金城山水图轴

纸本 水墨 纵68厘米 横33厘米

金城（1878～1926），原名绍城、字巩北、拱北，号北楼、藕湖，浙江省吴兴人。曾留学英国学习法律。1910年在上海创办中国画学研究会。著有《藕庐诗草》、《北楼论画》、《画学讲义》。客居北京时创立湖社画会。善画山水，取法宋元。

此幅系水墨山水图，云雾缥缈间山峰雄峻耸立，涧中山泉直落，摩崖巨石，尽显笔端。所绘云山溪涧，颇大气。作于1907年，乃其精品之一。

（苏维真）

43. 近代 邓源梅花喜鹊图轴

纸本　纵136厘米　横36.5厘米

邓源，生卒年无考。字小洲，闽县（今福州）人。善画花鸟，浓丽如上海画派。又善画竹、风枝雨叶。其画名载入《中国美术家人名辞典》。

此水墨写意梅花喜鹊图，立意新颖喜庆，构图简洁，挥毫潇洒自如，亦是一幅花鸟画中的佳作。

（陈建标）

**44. 近代 李汶川芦花秋蟹图
中堂**

　　纸本　纵123厘米　横64厘米

李汶川，字济东，福建诏安人。

　　擅花鸟虫，传统功底扎实，画风传统
严整而形象生动，用笔用墨都很考
究。此画笔法传统，内敛含蓄，视角
奇特，造型松灵，生动有趣。整个画
面动中寓静，静中见动。

（尤丽雪）

45. 现代 王个簃国色天香图轴

纸本 设色 纵151厘米
横82厘米

王个簃（1897～1988），现代著名书画家、篆刻家、艺术教育家。祖籍江苏省海门市。原名王能贤，后改王贤，字启之，别号个簃。曾任教于上海美术专门学校等院校，历任上海中国画院副院长，中国美术家协会理事，中国书法家协会名誉理事，上海美术家协会副主席，上海书法家协会副主席，西泠印社副社长等职。擅长书画、篆刻、诗词。著有《个簃画集》、《王个簃画集》、《个簃印存》、《王个簃随想录》、《霜茶阁诗集》等。

王个簃深受吴昌硕先生的影响，又形成了自己隽秀《清润的艺术风格。擅长写意花卉，此牡丹大中堂，粗略几笔，叶肥花艳，极有神韵。

（赵庆生）

漂母饭信竟漂母日吾必有以重报母。
怒曰大丈夫不能自食吾哀王孙而进食岂望报乎
此祥老老伯诗之 戊辰秋孟黄羲之言 黄羲心

46. 现代 黄羲淮阴漂母图轴

纸本 设色 纵140厘米 横40厘米

黄羲（1899～1979），原名文清，又作文倩，字可轩，号大蜚山人，福建仙游人。少从李霞、李耕学艺。1926年考入上海美专，毕业后任教。

此淮阴漂母图系半工写设色人物画，功力精到，颇俱神态。以形写神，形神兼备。此画作于1928年戊辰，为其早年作品。

（苏维真）

47. 现代 吴青霞观世音菩萨图
中堂

纸本 设色
纵135厘米 横69厘米

吴青霞（1901~？），现代女画家。8岁起，由父亲执教习画，20世纪30年代被誉为"上海画坛奇女子"。她笔耕砚田70余载，在画坛上以多面手著称，《九鲤图》为传世之作。出版过的年画、年历画、画册、画选、水印木刻制品不下百余种。有《吴青霞画集》刊行。

此观世音菩萨，工写结合，着白衣，面容慈祥，饰头光，坐于一崖间，后有两崖相合，花青点苔。下有波涛，浪花似串串珍珠，款款飞来。让人真切感受到"净土"、"净心"之真意境。

（赵庆生）

画
书 法
绘
瓷 器
陶 玉 杂
项

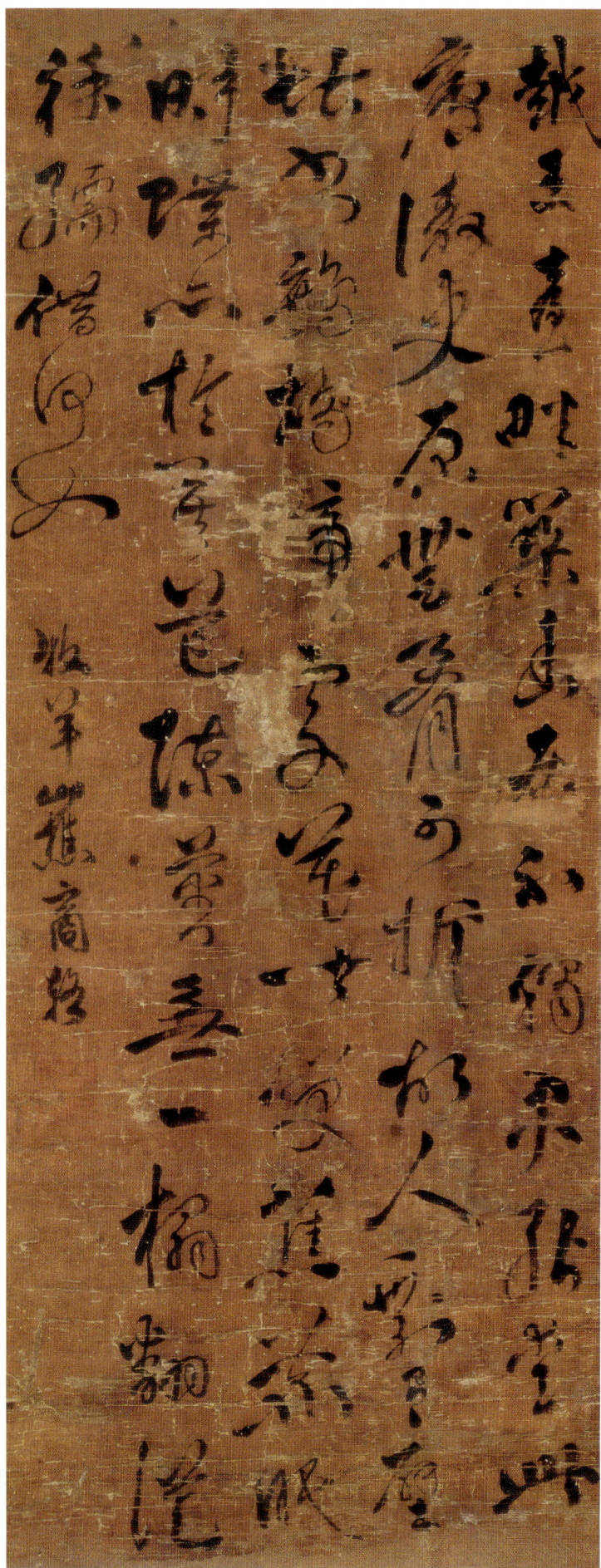

48. 明 商辂行草轴

绢本 纵105厘米 横42厘米

商辂（1414~1486），字弘载，号素庵，浙江淳安人，以浙江乡试第一（解元）、礼部会试第一（会元）、殿试第一（状元）"连中三元"的优异成绩入选翰林院，官至吏部尚书。明代"土木堡事变"后，商辂支持于谦以刚直敢言载入《明史》，世人盛赞为"一代贤相"。后人为纪念商辂，在北京、杭州、严州各建三元坊；淳安县城有"三元宰相"石牌坊一座。

著有《商文毅疏稿略》、《商文毅公集》、《蔗山笔尘》，并纂有《宋元通鉴纲目》。善书法，但传世墨迹甚少。

此幅写于旧绢上，观其行草笔法精到，虽体势平正而笔意圆活，笔力沉劲，点画遒劲，爽爽然有飞动之势，给人以生机勃勃之感。

（郑维明）

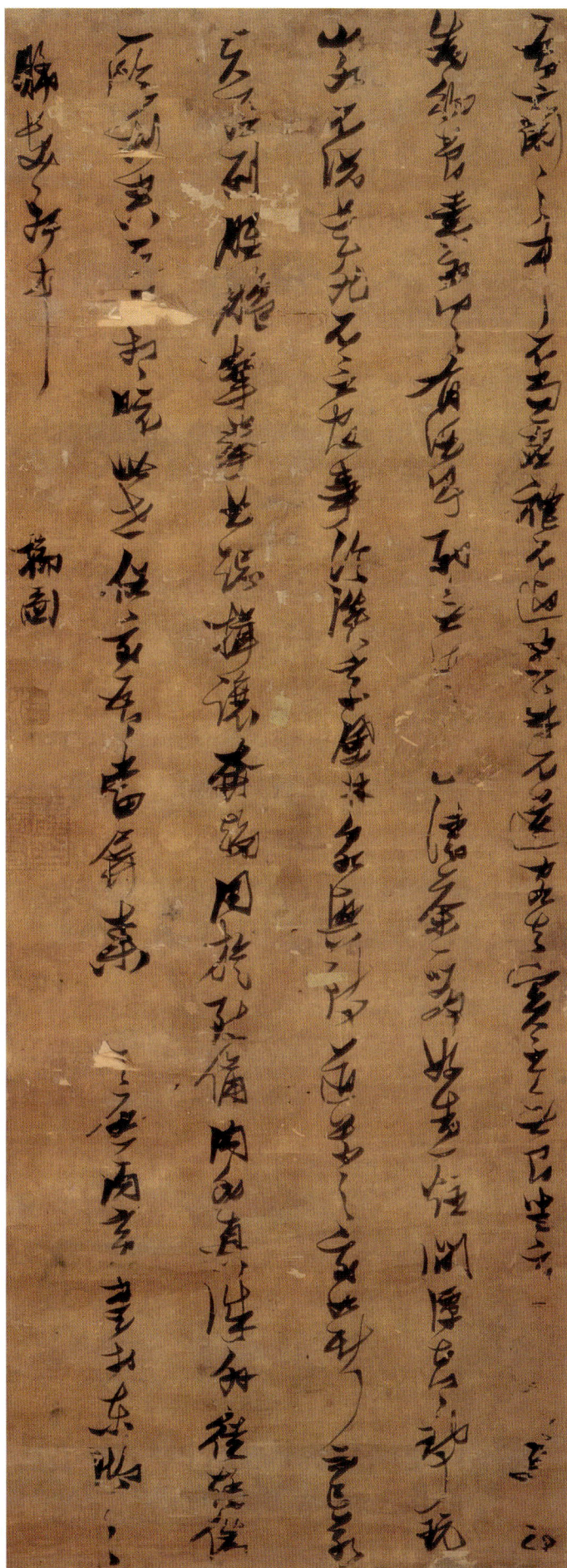

49. 明 张瑞图草书条幅

绢本 纵44厘米 横16厘米

张瑞图（1570～1644），字长公，号二水，晚号果亭山人等，福建晋江人，明代著名书法家，与邢侗、董其昌、米万钟齐名，时称"明四家"。

张氏此幅侧锋入纸取势，转折处翻笔直下，字字独立不做牵丝，一意横撑锋芒毕露，或上蹙而下展，或左高而右低，字距紧而行距宽，跳宕激越，凝重古拙，如瀑布从天而降，充满了动感和力量，给人一种崭新的审美享受。

（苏梦飞）

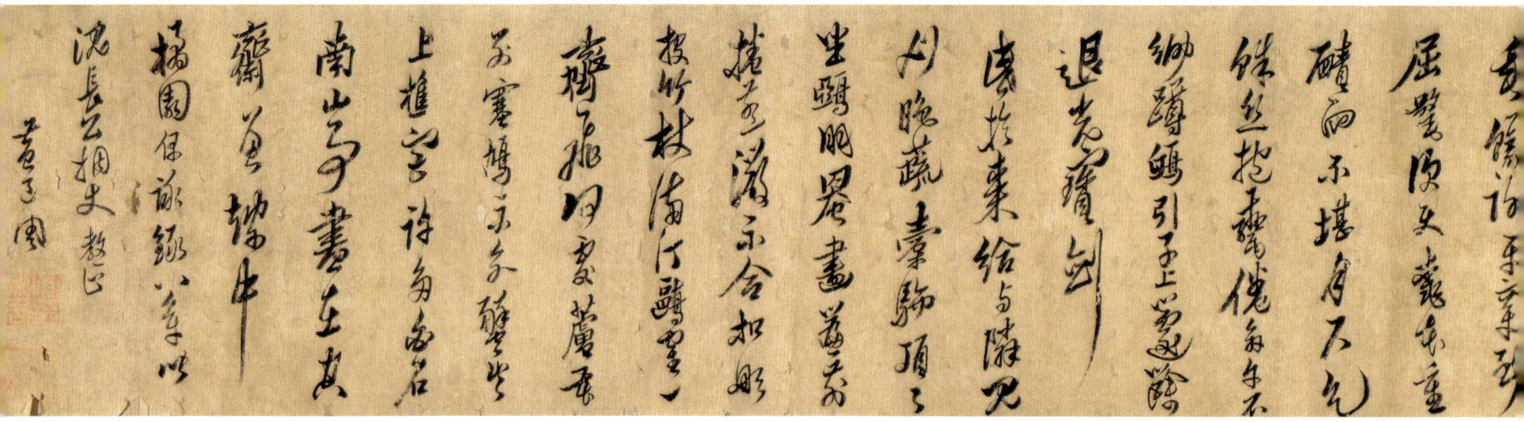

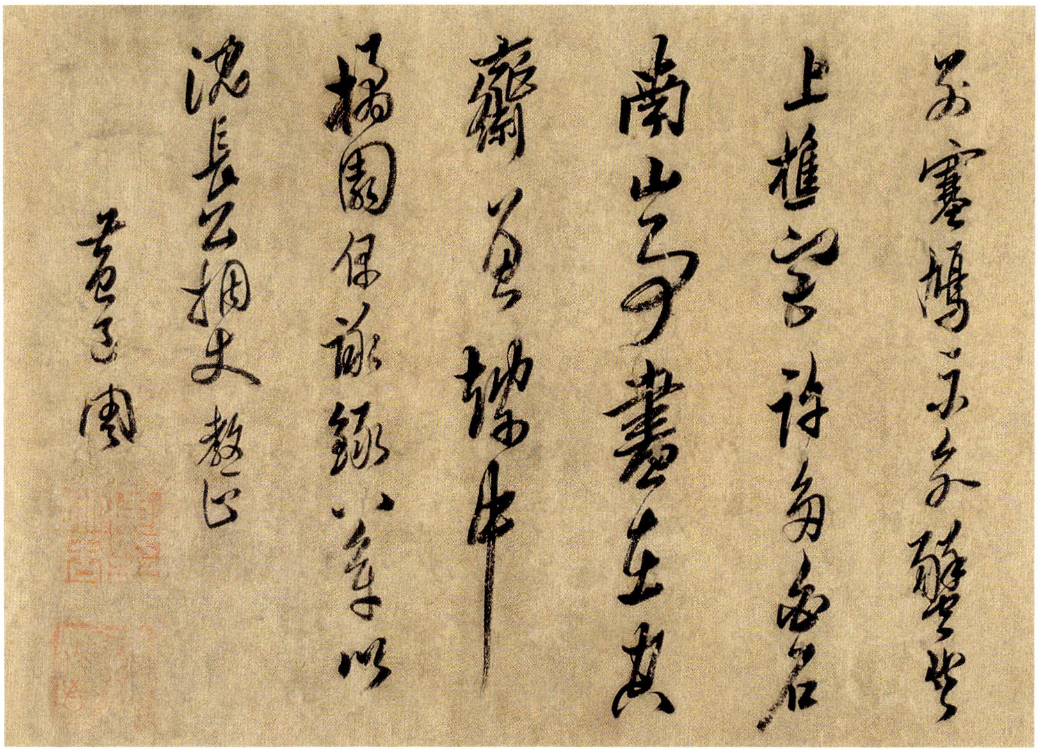

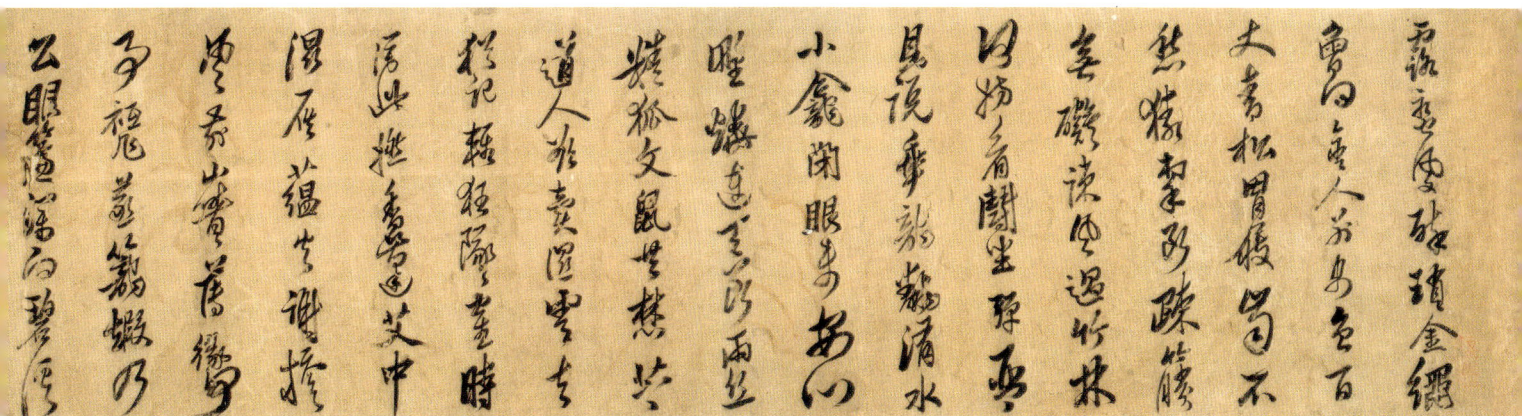

50. 明 黄道周行书手卷

纸本手卷 纵28厘米 横210厘米

黄道周（1585～1646），字幼玄，号石斋，漳浦（今福建漳浦县）人。明天启二年（1622）进士，崇祯三年（1630）任翰林侍讲学士。以上疏指斥杨嗣昌等谪补戍广西。抗清被俘，不屈就义，清廷赠谥忠端。工书善画，书以魏晋为宗，师承钟（繇）王（羲之），用笔峭厉劲遒，打破了宋、元沉闷书风，自成一体。著有《儒引集传》、《心斋集》等。

此手卷，行笔严峻方折，波磔多，停蓄少，方笔多，圆笔少，锋芒毕露，徐疾分明，有节奏感，出锋疾扫，峭健方刚，一气呵成，字迹清劲中有腴润，行距宽阔，显得十分疏朗。是难得之书法精品。

（白　墨）

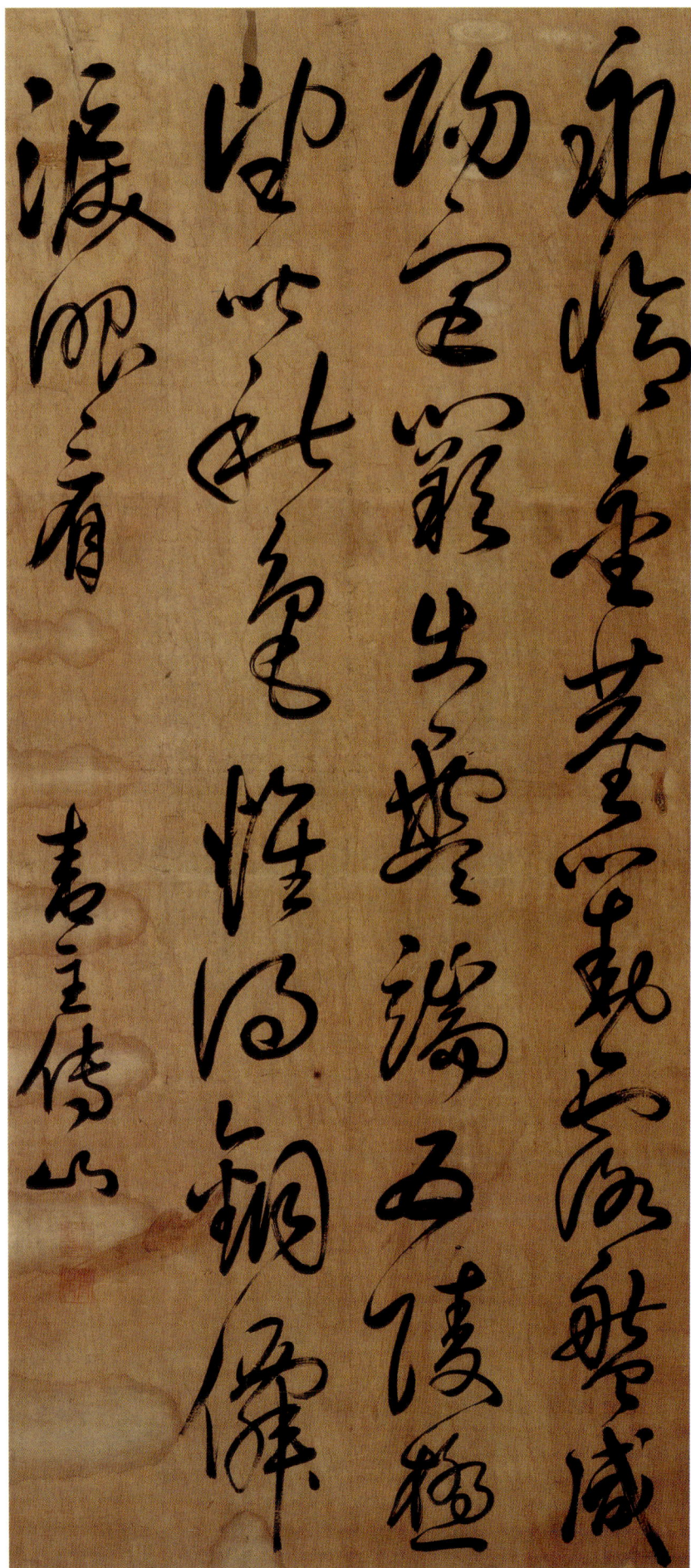

51. 清 傅山行草中堂

　　纸本 纵140厘米 横62厘米

傅山（1607～1684年），字青竹，后改字青主，号朱衣道人、石道人等，山西阳曲（今太原北郊）西村人，知识渊博，精工书画。在书法艺术方面，主张"宁拙毋巧，宁丑毋媚，宁支离毋轻滑，宁真率毋安排"。以自然天倪为尚。惯用长锋大笔，饱醮浓墨，信手挥运，一味地漫不经心。代表作品有：《草书孟浩然诗》、《右军大醉诗轴》、《行草五律诗轴》、《草书立轴》等。

此中堂，用笔以圆为主，结体多取方势，颇具古人"笔圆方势"之妙；字间连带自然，时而三两字相缀不断，时而笔断意连，使锋沉着，笔力送到，一丝不苟。在总体上，神定气足，古拙而不失流畅，苍劲有力而不失灵秀。

（林　蓁）

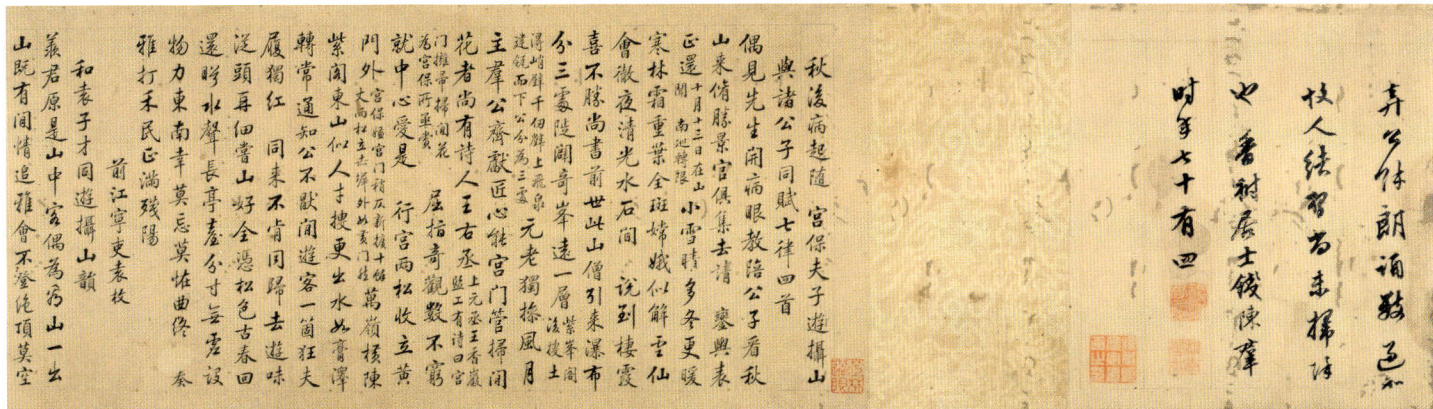

清　卢雅雨、钱陈群、王又曾行书诗卷（局部之一）

52. 清　卢雅雨、钱陈群、王又曾行书诗卷

纸本　纵24厘米　横425厘米

卢雅雨（1690～1768），山东德州人，又名见曾，字抱孙，别号雅雨山人。乾隆年间进士，曾任两淮盐运使，工诗，负盛名，其诗作文人雅上多有依韵作和，其中有郑板桥、纪晓岚、袁枚等人。擅书法，工于行楷。

钱陈群（1686～1774），字主敬，号香树等，浙江嘉兴人。康熙辛丑进士，官至刑部侍郎加尚书衔，太子太傅，历康、雍、乾三朝，颇得乾隆帝赏识，谥文端。工诗书，擅绘画，著有《香树斋诗集》等。

王又曾（1706～1762），一作右曾，字受铭，号谷原，浙江嘉兴人。乾隆南巡召试一等，赐举人，十九年中进士，官至刑部、礼部主事。工诗善书，著有《丁辛老屋集》。

该诗卷中卢书虽有馆阁痕，然能融诸家之长，功底十分扎实，出自馆阁而不拘泥。笔笔到位，俊秀清奇，宁神静气，温文尔雅。陈、王二书笔法较流畅。潇洒自如，极富节奏感及韵律之美。三书皆功力深厚，神韵盎然，极致风流高雅，是为不可多得之神品。

（白　墨）

遥和堂山尹師同表子才同年

遊攝山詩元韻

天台黄海縱遊碣又到金陵上攝

山杖屨入林雲共遠顔日鳥

同還曾經訪古搜碑石尋江

遺摘記題名剔蘚斑别後三年成

住重心期常在萬松間尋山元

老力堪勝滕不藉扶藜白旦僧礪

騈桃花泓曲峯名玉冠上層

亭臺位置天工巧賦詠清華楷

崖側六代蒼松紋閣東紛句遥傳

金玉響昔遊追憶夢覩遠時

仍見停鑒略侶舊雲光朶

紅清時别有元于于日下紅

盧不顧嘗師弟踦依情自決林

泉眠食興偏長繳山溪谷尋俱歡

官海風濤涉久忘我欹績遊借

叔友榮將小塞過丹陽

　　　　次韻奉和堂山夫子同表子

　　　　　　　才大令遊攝山詩

靈區閉闢因宸幸滕景重遊是

攝山松翠六朝雲氣合巖懸千

仍鳥飛還來尋藥草侵雲早行

眺霜楓染黛斑為向屏顔泰古

佛明霞常在翠湺間攀陟初

虞力末滕間心直欺侶山僧江光

一氣迎三面嵐翠千堆挂數層風

竹琳瑯翠易夏烟霞標卿繪雜

能樞碑莫蕩思江滚叠句今看

尊古丞樓臺深鎖望靡霧規

畫離宮暎梵宮樹老虬蘚攀

　　　　　長洲沈德潛

宸幸滕景重遊是

遇苙鶴淚傳清韻到人

間意致方祛竹枝滕遠

官潤仙六朝僧新疏乱達

莊間馮雀研雲根翠作

屢詩華儘酬江慭富神

功宣讓巨靈能遠知山水清

音在冾曲意可煩鼓吹承

逍遥烟邊極幽竄宥地玩

孏硯藥官侍泛依乩超

澗下風流令復窅江東

泉竟白乳題名續雲罄

西峯有夢逼真兼揑鞭

楓枏路霜時衣㠌萬林紅

伊蒲茗汁前緣觐風味巖

栖待細嘗目滿桂藪黄雲

霽鶴翻松頂翠濤長緇

流度紹身堪侶滕踐江山興莫忘

便借徵君竹如意僧樓接

頮鎮斜陽

　　　右和宮保尹公偕及門表大令

　　簡將隋栖霞僧酬原韻又曾同

　　丁卯戊辰間栖霞辛不果昨嘗

　　遠道一登栖霞景書之以誌

　　霞為報如數和成書之卷尾頒

　　雅而先生許以志狎卷末仍如前

　　錄四詩所以副之卷末仍如前

　　高濱隋之泰未乱隆廿大里又

六月三十裒原主人啟并藏

清　卢雅雨、钱陈群、王又曾行书诗卷（局部之二）

常将盛德书银管

自有清心瞑玉壶

书奉

敬翁老先生学长

桐山弟方观承

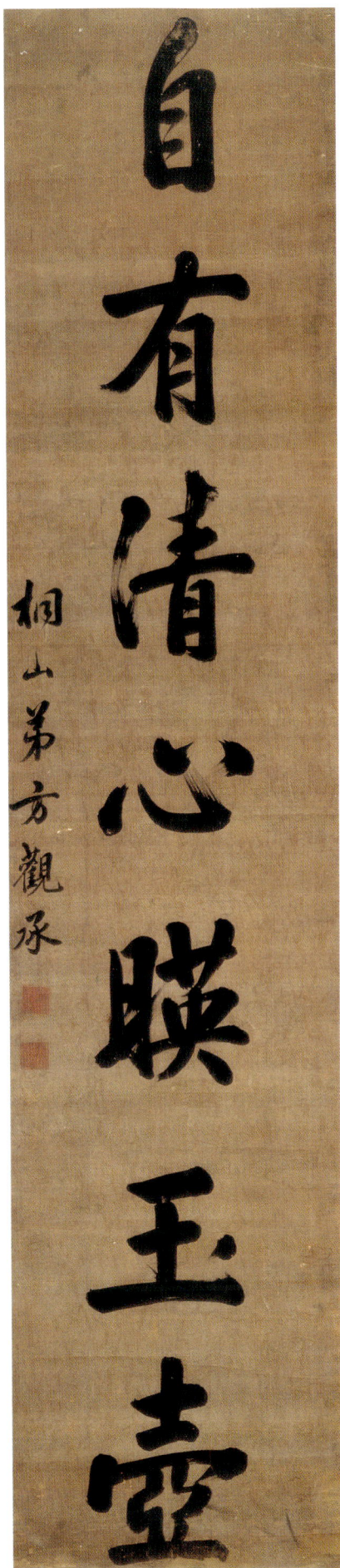

53. 清 方观承楷书七言对联

绢本 纵162厘米 横37厘米

方观承（1698～1768），字遐谷，号问亭，又号宜田，安徽桐城人。清乾隆时文学家、著名水利专家和植棉专家。幼年时家道中落，流落北京街头时借卖字贴补路费，得到清朝皇族平郡王福彭的赏识，从此步入仕途。官至直隶总督。绘制的《御题棉花图》，是中国最早的棉作学图谱。方观承素善为书，工诗。师事方望溪。著有《方恪敏公奏议》、《述本堂诗集十八种》、《述本堂诗续集》。

（林惠娇）

笔妙喻水方圆俞字既视则同远近则异以哟乱字体之字态心之辅也心悟合於妙也借以铸铜为镜非匠者之明假笔传心非毫端之妙又如鼓琴妙响随表而生振管送态逐毫石应右军兴笔随座笔重质文质书永室质文质书

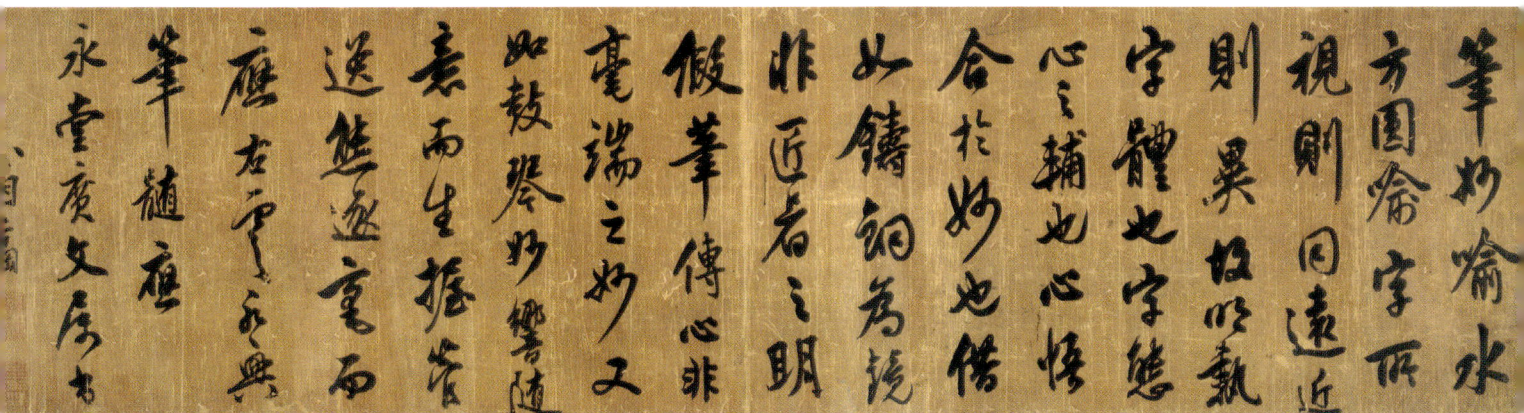

54. 清 翁方纲行书手卷

绢本 纵44厘米 横170厘米

翁方纲（1733~1818），清代书法家、文学家、金石学家。字正三，号覃溪，直隶大兴（今北京）人。乾隆十七年进士，官至内阁大学士。对书画、金石、谱录、诗词等艺均有涉猎。尤其擅长于金石考证，著有《两汉金石记》、《粤东金石略》等。书法谨守法度，却过于拘泥，缺乏逸韵高情。是清代碑与帖兼取的书法家。

本幅系翁方纲的行书临帖作品。用笔略有米南宫的气清韵通，却仍保持颜体的法度。

（林惠娇）

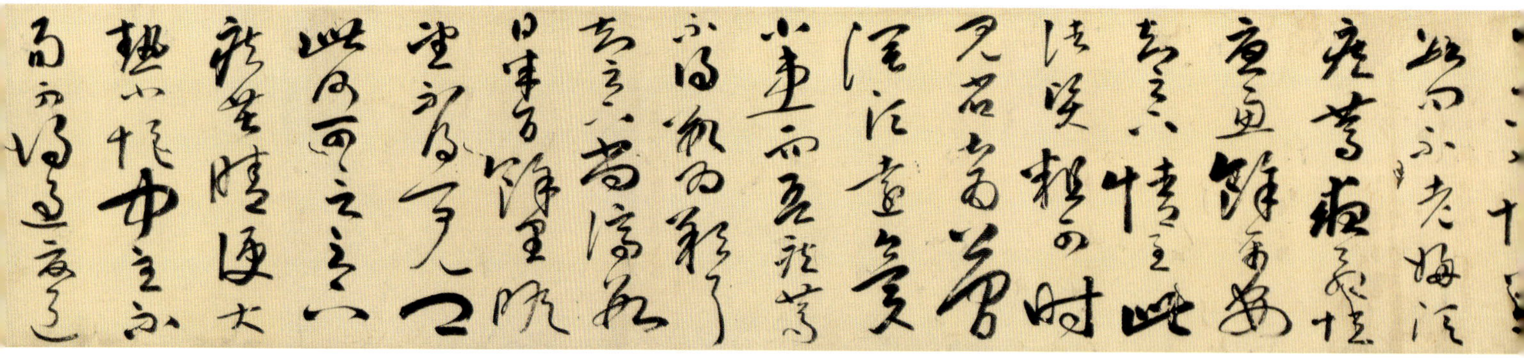

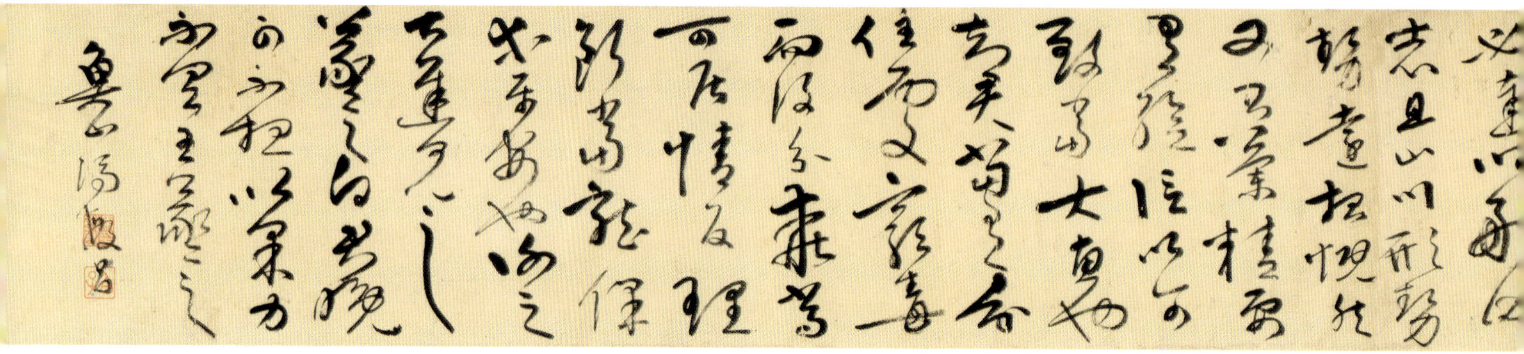

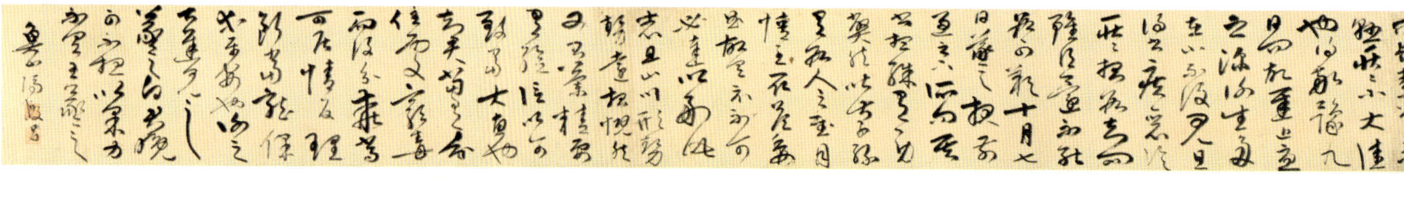

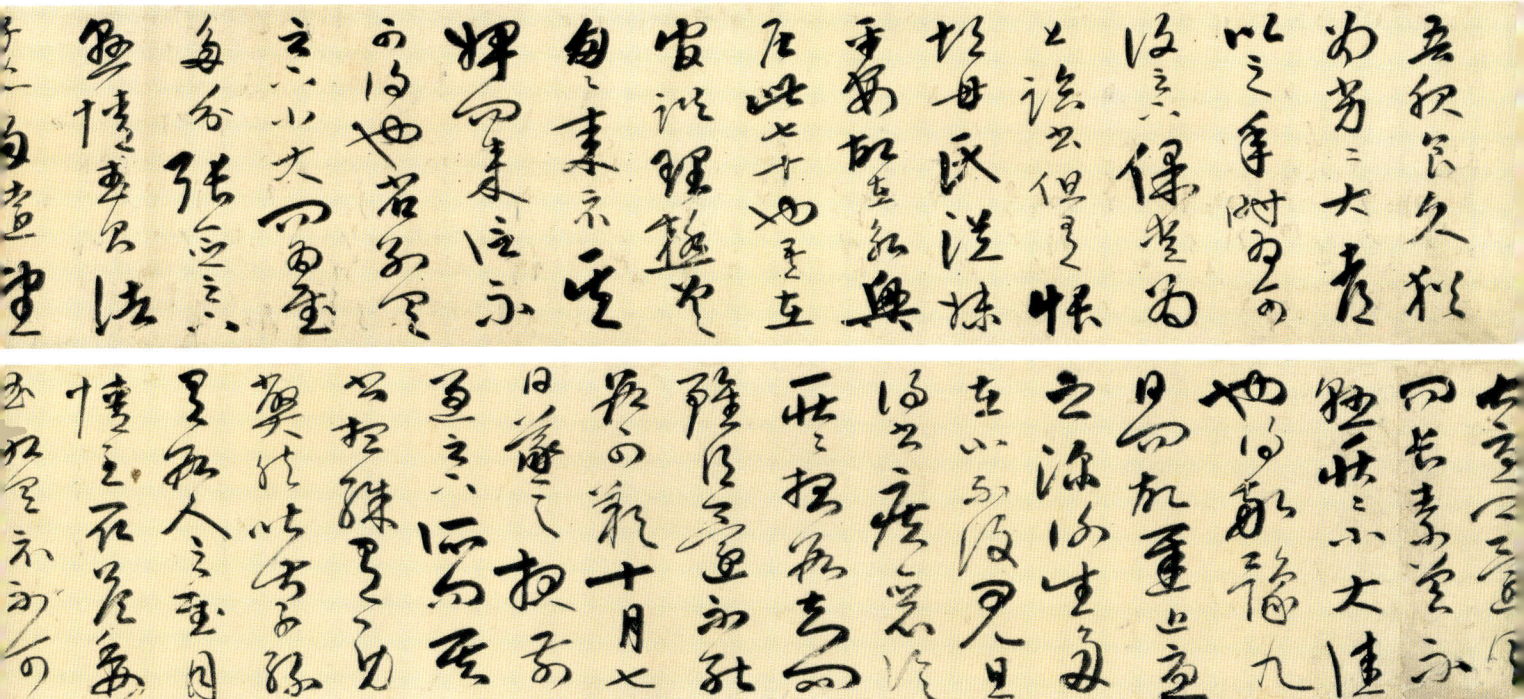

55. 清　冯敏昌草书长卷

纸本　纵27厘米　横500厘米

冯敏昌（1747~1806年），字伯求，号鱼山，钦州人，乾隆进士，工诗，善画，擅书法。著有《河阳金石录》、《华山小志》、《小罗浮草堂诗集》等。所绘松、竹、兰、卉，苍秀绝俗。其书法碑学《礼器》、《华山》，帖学由褚遂良入大令（王献之），尤精研《兰亭》诸本。还参合了苏东坡、黄庭坚等人的草法，以成体貌。墨迹流传尚多，一般多见条幅、长卷。

此草书长卷，下笔纵逸跌宕，自由飞动，字不相连而笔力雄奇。手卷之尾朱文方印"伯子"，乃在字之下，疑先盖印后书款。

（林惠娇）

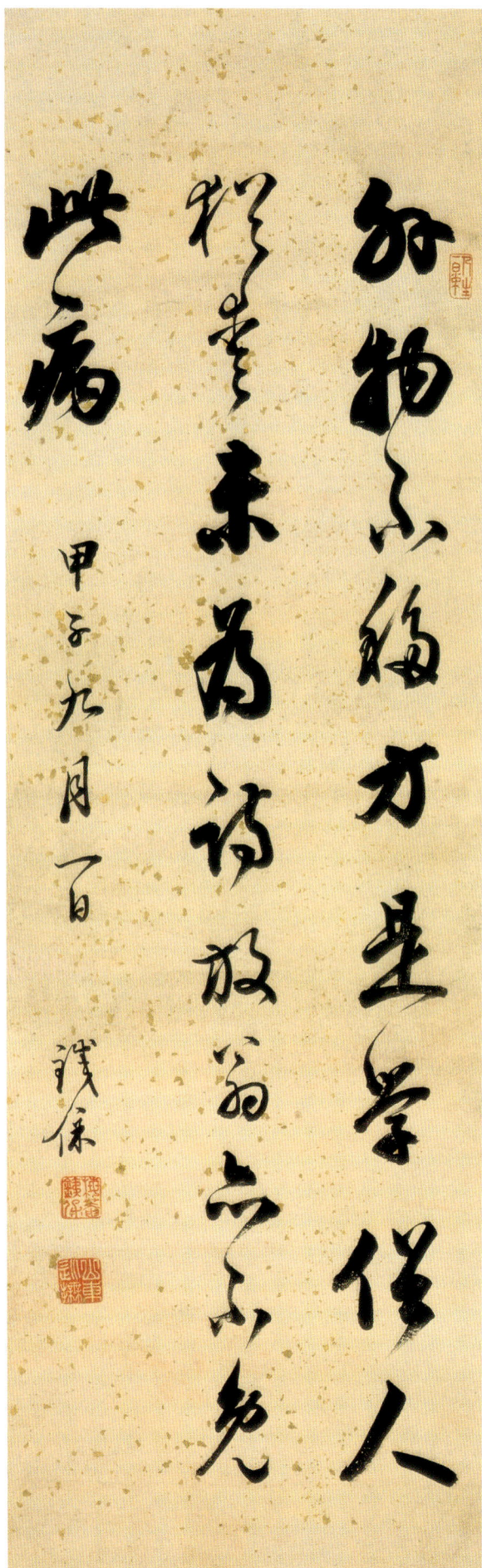

56. 清 铁保行书条幅
洒金纸本 纵92厘米 横28厘米

铁保（1752～1824年），满洲正黄旗人。先世姓爱新觉罗氏，后改栋鄂氏。字冶亭，号梅庵、铁卿、怀清斋。乾隆进士，嘉庆时官两江总督，道光初以三品卿衔改任。传世书迹有《平定州修石路记》、《漫录书轴》、《行书七言联》等。书法早年曾学"馆阁体"，后学颜真卿，纠正"馆阁"带来的板滞之病。行草书宗法二王、怀素、孙过庭，时人谓其书与刘墉、翁方纲、成亲王永瑆并驾，为"乾隆四大家"之一。

此条幅为嘉庆九年（1804）的作品。下笔貌丰骨劲，结体疏朗有致，分布均匀。

（林惠娇）

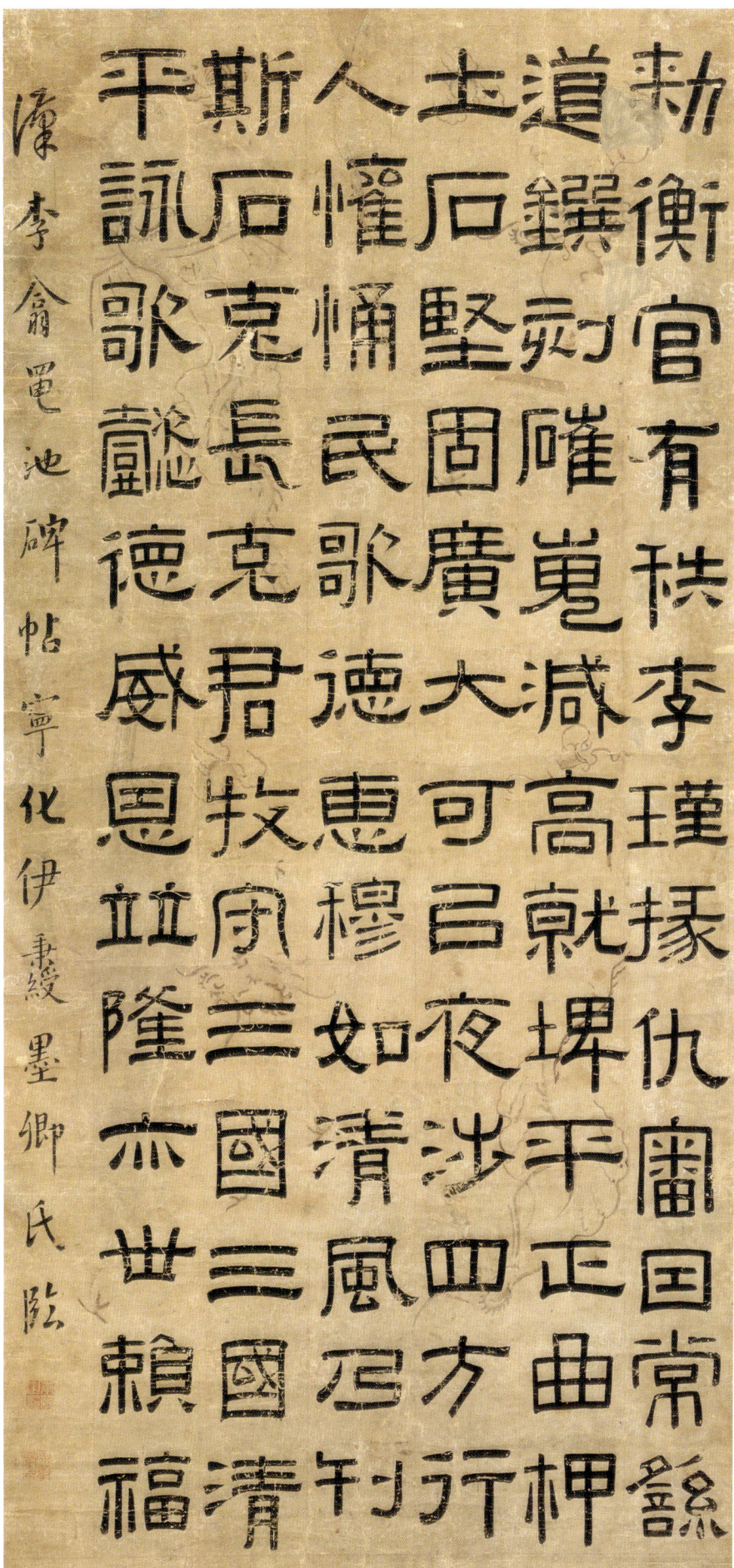

57. 清 伊秉绶隶书中堂

纸本 纵125厘米 横60厘米

伊秉绶（1754～1815），字组似，号墨卿，福建宁化人。乾隆五十四年进士，授刑部主事，迁员外郎，曾任惠州知府、扬州太守等官。伊氏喜绘事，工四体，尤工隶书，兼师百家，自抒己意，为时人瞩目。

此中堂书于银花笺之上，虽为其早年之作，然用笔浑圆，毫不夸张，意到笔止，有较强的装饰意趣。初看有些平淡呆板，但细加推敲，则觉齐而不板，整而不呆，厚而不满，飘逸脱俗而富变化，雄强挺拔，清丽多姿。

（苏梦飞）

屈生辭作實敢子孫其萬年用亯如在

屈生敢銘
種花道人

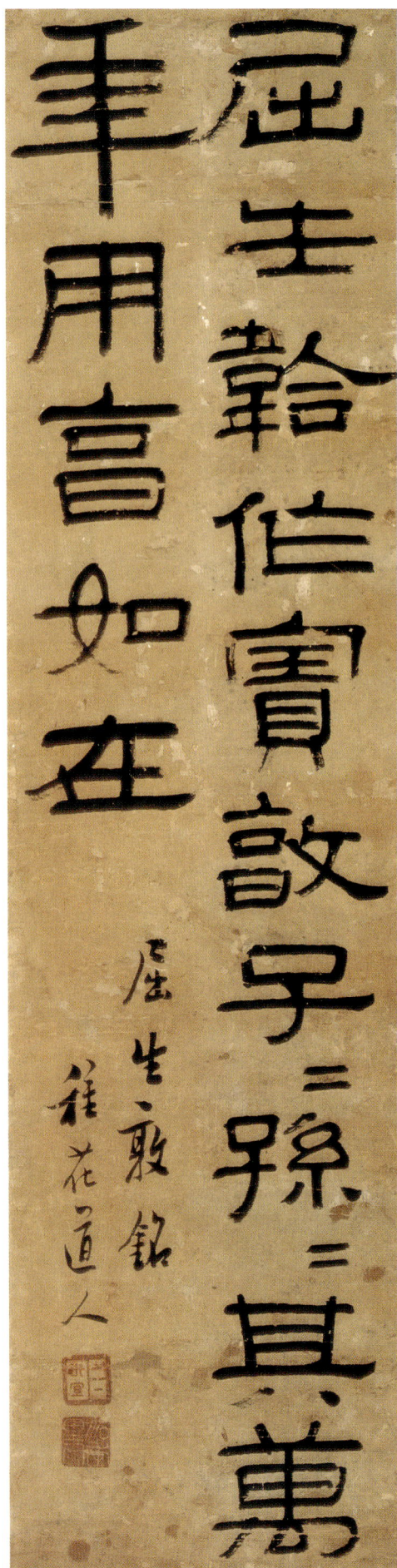

58. 清 吕世宜隶书条幅
纸本 纵113厘米 横30厘米

吕世宜（1774~1858），字可合，号种花道人，金门西村人，故又号西村。自幼嗜学好古，研究过文字学、训诂学、音韵学，尤致力于书法及金石的钻研。

其所作隶书格调高雅，富于变化，笔画瘦硬，结体方正，充实宽博，风格与同时代的伊秉绶相近。

（林秀琴）

59. 清 包世臣行楷对联

金红纸本 纵119厘米 横18厘米

包世臣（1775~1855），字慎伯，晚号倦翁。安徽泾县人，嘉庆十三年举人，官江西新喻知县，仕途不顺，终归布衣。学识渊博，工诗文，善书画，师魏晋，倡魏碑。

此联行楷功力深厚，章法布局很传统，结体考究，然用笔过于讲究，运笔较慢，一字一停，缺乏气势贯通，略显呆滞，且有肉多筋少之感，缺乏阳刚。然亦不失为书法研究考据的珍品。

（白 墨）

鸭头丸故不佳明
当必集当与君相
见

年嫂大兄

郭尚先

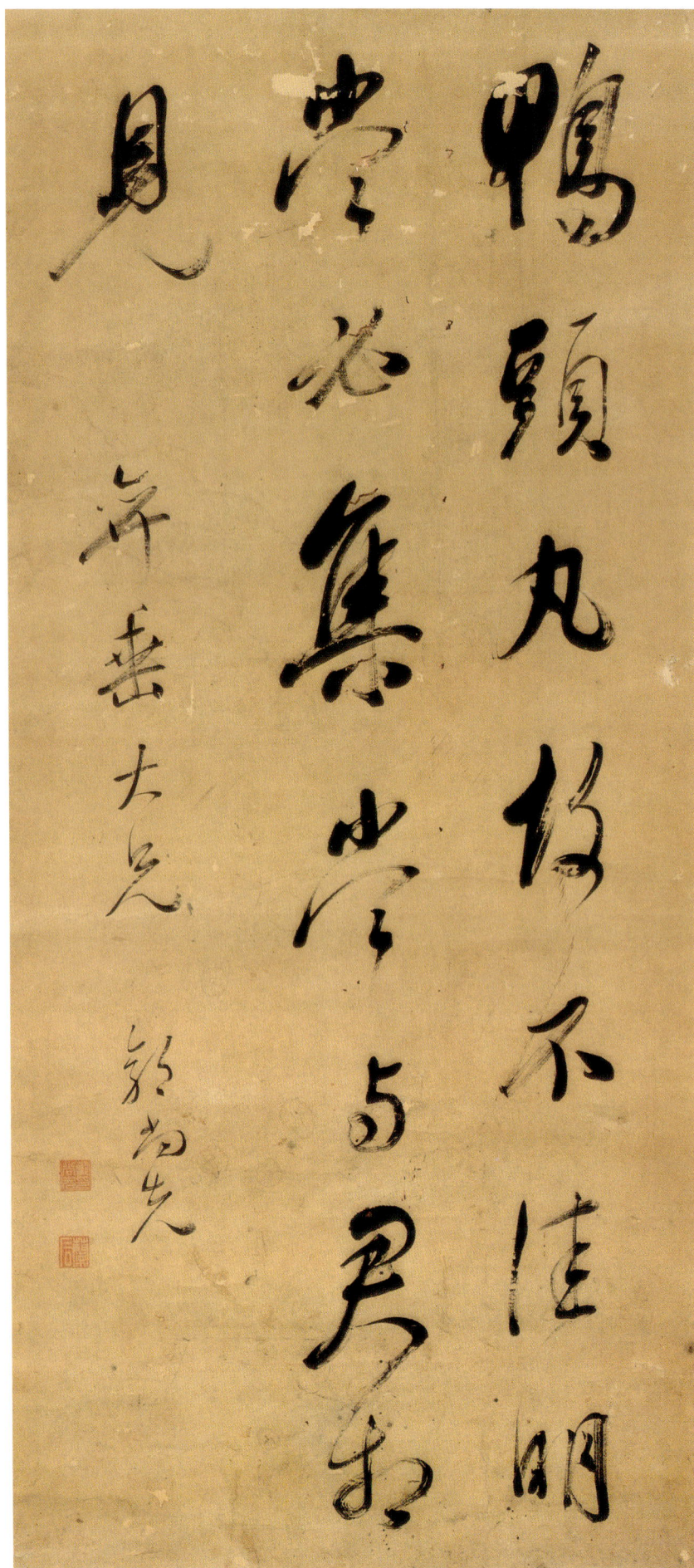

60. 清 郭尚先行草中堂

纸本 纵132厘米 横62厘米

郭尚先（1785～1832），字元闻、兰石。福建莆田城内书仓人。嘉庆十四年（1809年）进士，官至大理高卿，著有《增默庵诗选集》、《芳坚馆题跋》等，工书法，善绘事。山水之外，尤擅兰石；篆刻古朴浑厚，法度精严，被誉为"深入汉人之室"。

郭氏书得欧阳询之骨，另具别趣，间仿赵（孟頫）、董（其昌）则秀劲天成。此临王献之"鸭头丸帖"，用墨浓淡一任自然，结体用笔凝厚婀娜而时露锋芒，无剑戟森森之气，独得晋唐无诤三昧。

（苏梦飞）

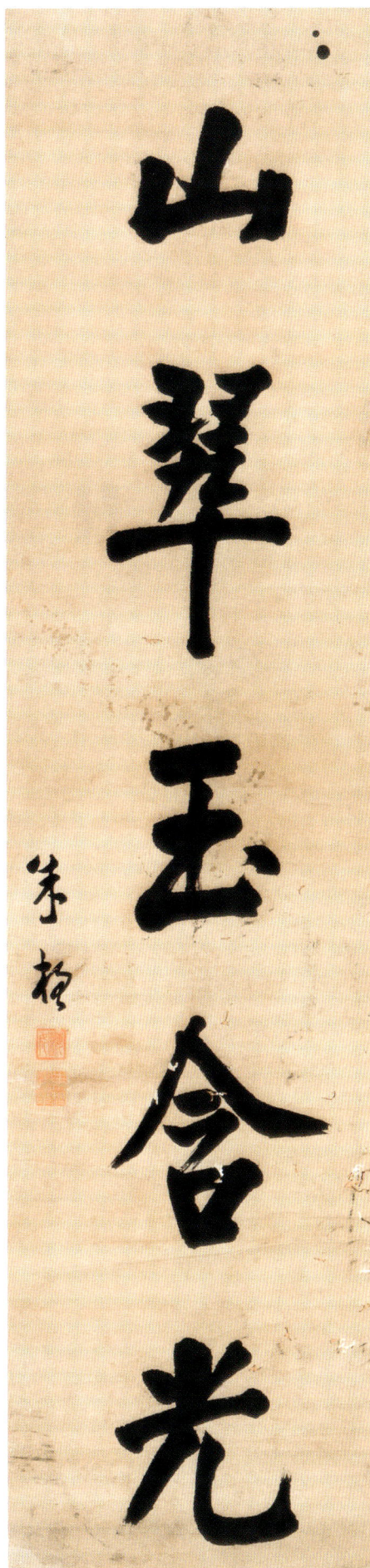

海暾珠在韫

山翠玉含光

朱栖

61. 清 朱栖行书对联

纸本 纵133厘米 横34厘米

朱栖（生卒年不详），字海谷，号芝圃，广西临桂人，乾隆解元，工书，有"二王"（羲之、献之）之韵兼明人遗风。偶写兰竹，亦古劲多姿，传世画作不多，广西博物馆藏行草七言律诗轴，较精湛。

此行书联厚重而有韵致，刚中有柔，险中求稳，北碑劲挺峻拔和俊迈秀逸的风韵跃然于笔墨之间，是朱氏佳妙之作。

（苏梦飞）

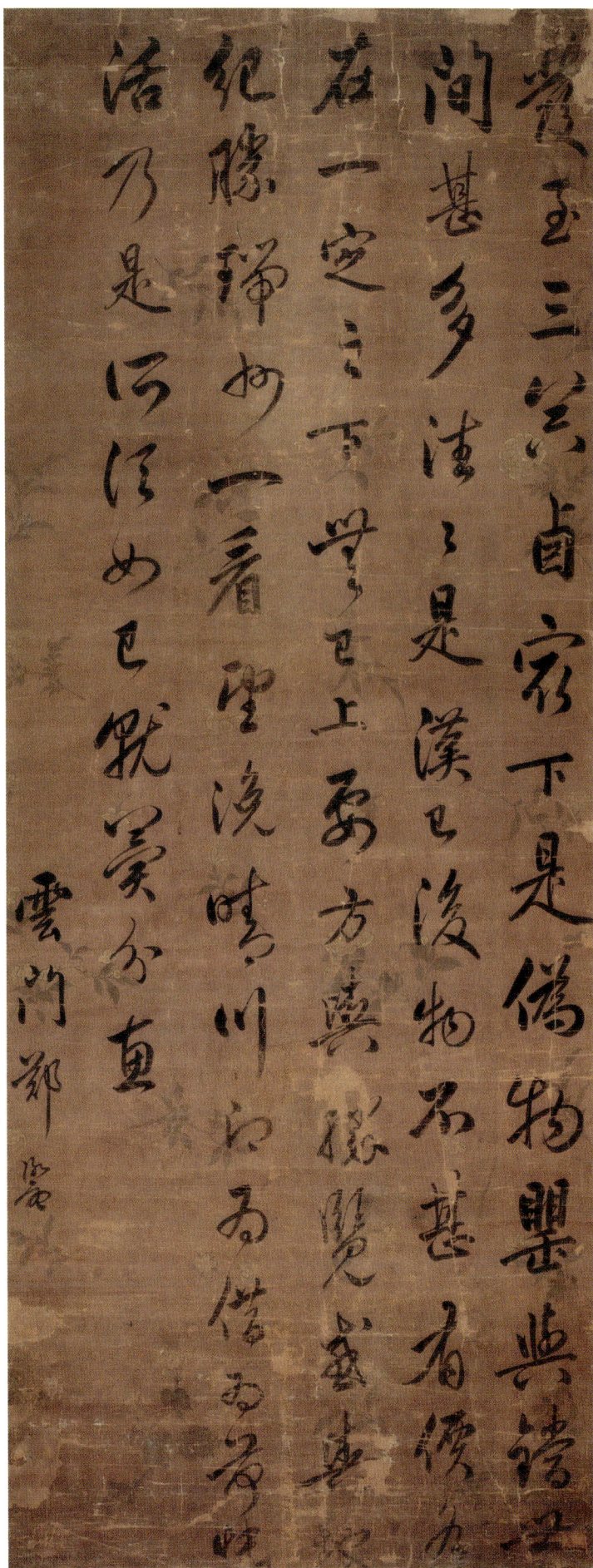

62. 清 郑际唐行书中堂

绢本　纵172厘米　横70厘米

郑际唐（生卒年不详），字大草，号云门，侯官（今福州）人。是乾隆三十四年（1769）进士，官内阁学士，兼礼部侍郎，五十二年（1787）为山西学政。工书法，精篆、籀、八分。暇喜摹印，贯穿六书，覃思研精。有《传砚斋诗稿》。

此中堂系郑际唐的临帖行草作品。书风清劲秀逸，潇洒流畅，其得"二王"和赵孟頫之妙。

（林惠娇）

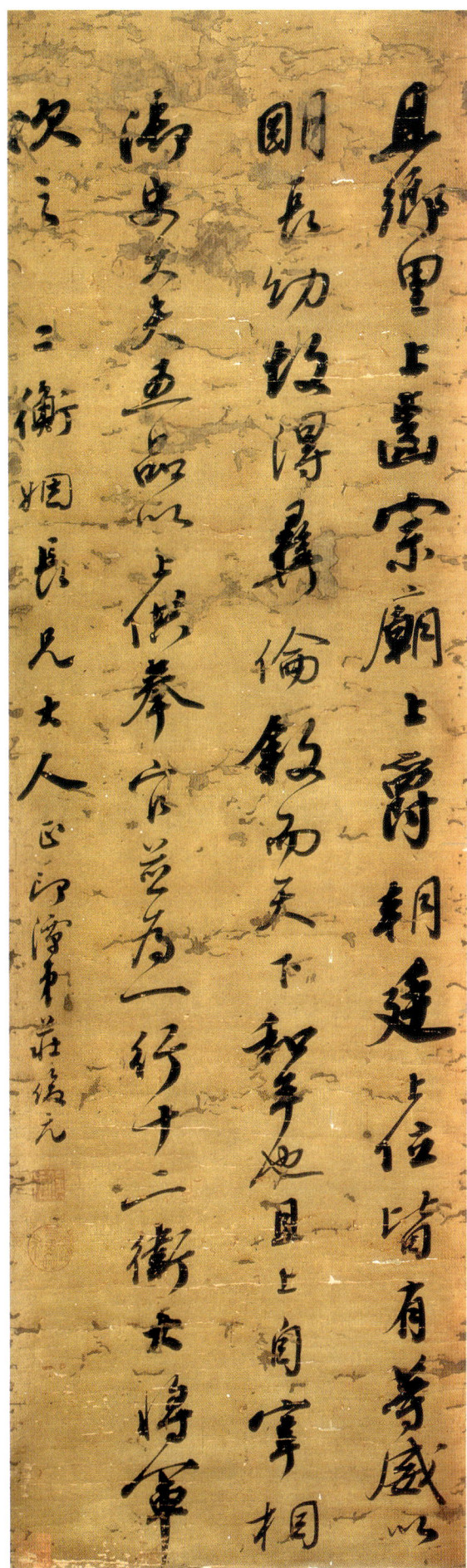

63. 清 庄俊元行书中堂

泥金纸本 纵100厘米 横31厘米

庄俊元（1803～1879），福建泉州人，清道光十六年（1836）进士，入翰林，留京学满文，授编修，协助改造满洲文字。事毕，出任甘肃西宁府尹，后兼道台，在任六年。咸丰三年（1853），引退回泉州。

该作品潇洒遒劲，笔画圆劲秀逸，平淡古朴。章法上，字与字、行与行之间，分行布局，疏朗匀称。

（林秀琴）

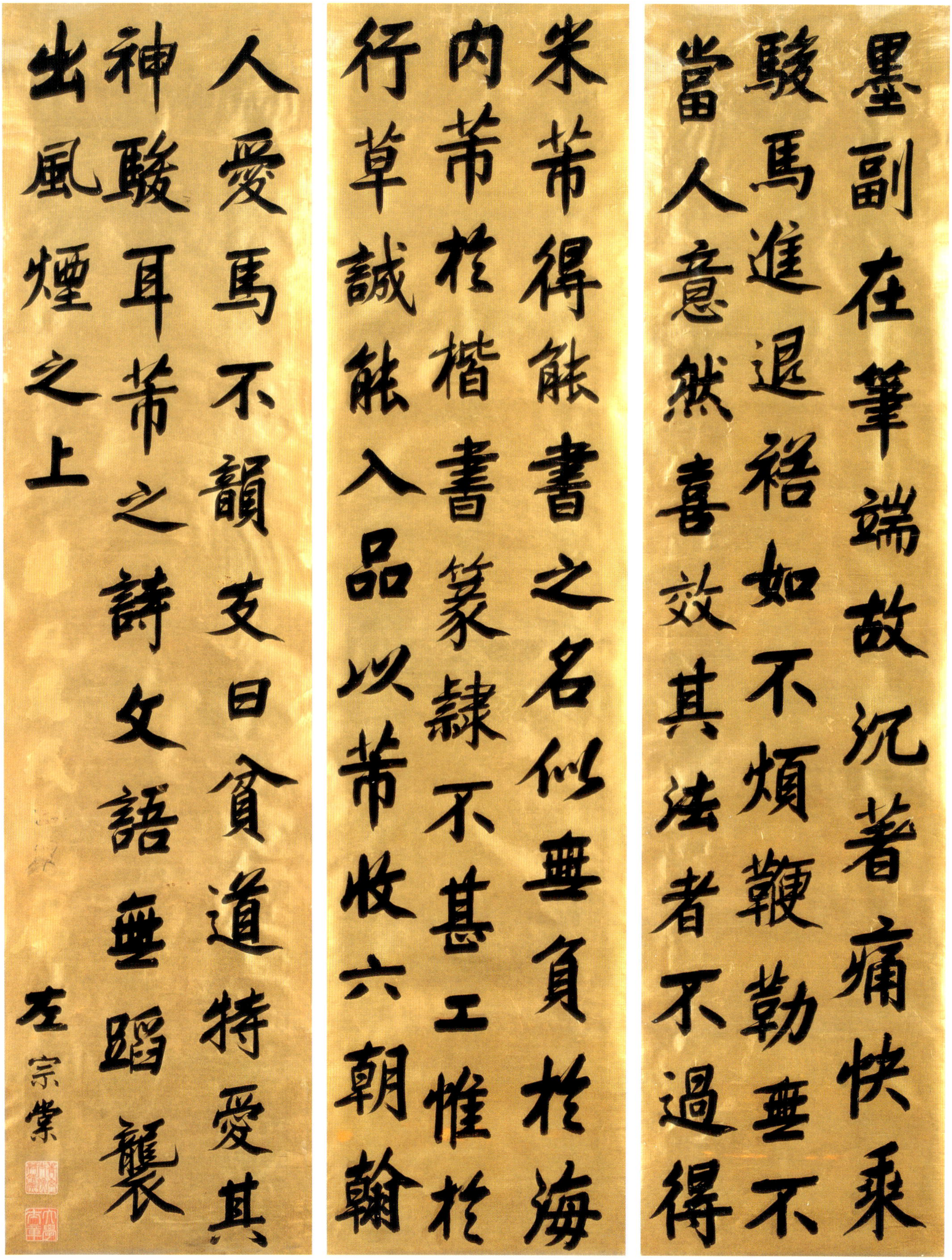

墨副在筆端故沉著痛快乘駿馬進退裕如不煩鞭勒無不當人意然喜效其法者不過得

米芾得能書之名似無負於海內芾楷楷書篆隸不甚工惟於行草誠能入品以芾收六朝翰

人愛馬不韻支日貪道特愛其神駿耳芾之詩文語無蹈襲出風煙之上

左宗棠

其外貌高视阔步气韵轩昂殊
来究其中本六朝妙处醖酿风
骨自尒超逸也昔人谓支遁道

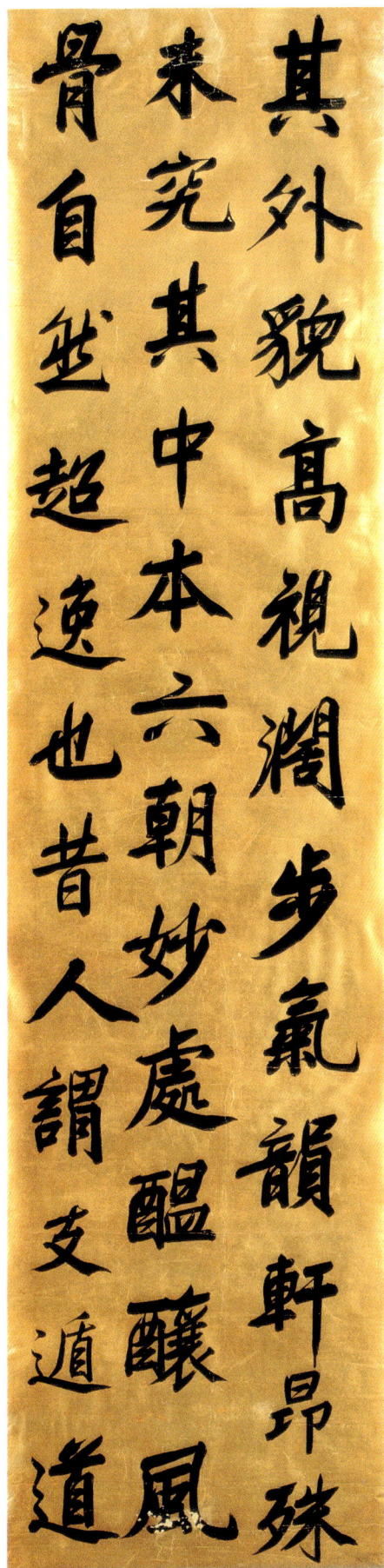

64. 清 左宗棠行楷金笺四条屏

金箔纸本　纵200厘米　横51厘米

左宗棠（1812~1885），字季高，湖南湘阴人，官至总督，拜东阁大学士。通文墨，擅书法。传世作品多为对联，笔力雄健，风格豪迈。后人评其书法曰：行书出清臣（颜真卿）、诚悬（柳公权），北碑亦时凑笔端，故肃然森立，劲中见厚。

此四屏乃书法评论，字体多渗以碑意，用方笔，出锋较多，结体亦方，古拙沉稳，气势雄浑，结构奇巧，雄健之中有秀美之风，用笔厚重，神情宏博，充满霸气。

（彭维斌）

收敛身心寻思义理

涵养德性爱惜精神

省心大兄雅属

沈葆桢

65. 清 沈葆桢行书对联

纸本 纵160厘米 横35厘米

沈葆桢（1820~1897），字翰宇，号幼丹，榜名振宗，室名夜识斋，侯官（今福州）人，林则徐女婿，道光二十七年（1847）进士，入翰林院。同治五年任福建船政大臣。创办船政学堂，十三年受命督办台湾海防兼各国事务钦差大臣。任内致力于台湾兴革、防务和经济开发。光绪元年任两江总督兼南洋通商事务大臣。

从此行书联句可看到：作者对唐欧阳询书法下过很深的工夫，再加上家学影响，使其作品轻松洒脱，笔法熟练。

（郑伯铭）

兰以当风气乃和

竹因临水情斯畅

留轩大兄司马

雅属

补帆王凯泰

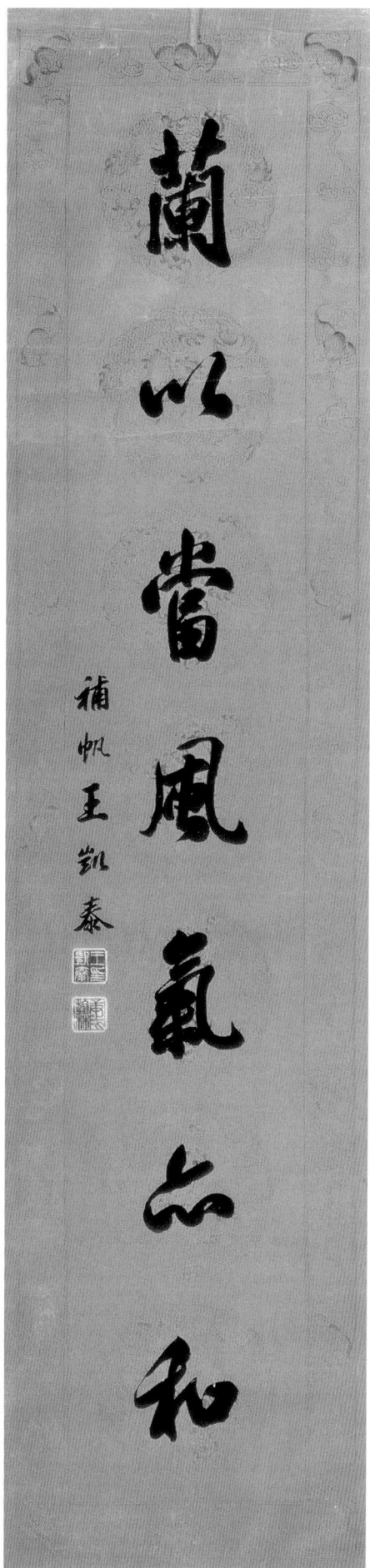

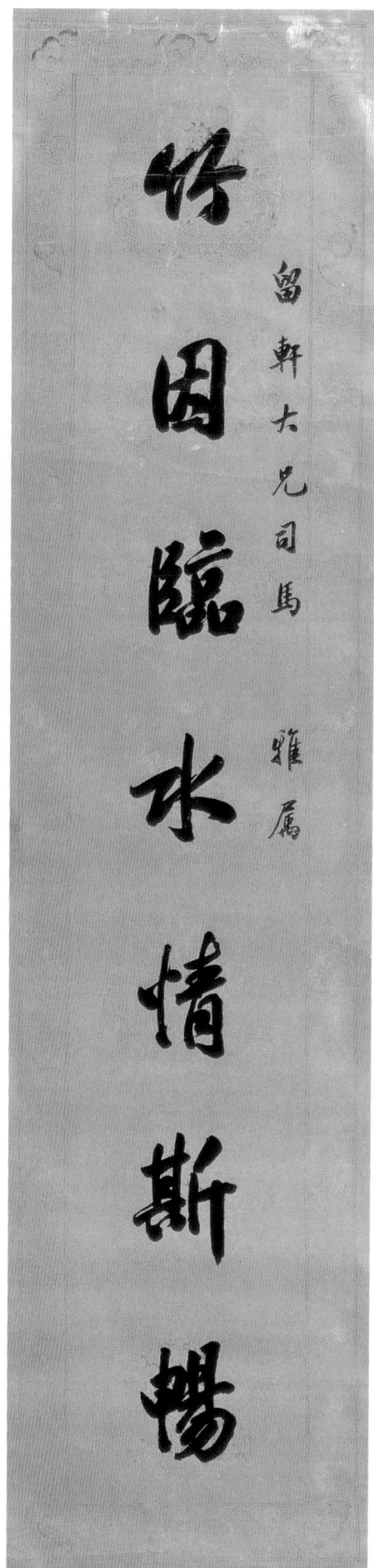

66. 清 王凯泰行书对联

纸本 纵135厘米 横33厘米

王凯泰(1823~1875),原名敦敏,字幼绚,号补帆、补园。以29名进士授编修,咸丰间佐李鸿章幕,帮办江北团练,修浚绍兴三江闸,浚广州六脉渠,曾上疏言改革六事,治理浙江水灾,擢广东布政使。同治年迁福建巡抚。

此联行书崇"二王"体,秀娟可爱,书卷气亦足。

(郑伯铭)

轻鸥白鹭空吾友

绿竹高松无俗情

松坡二元大兄属

弟王仁堪

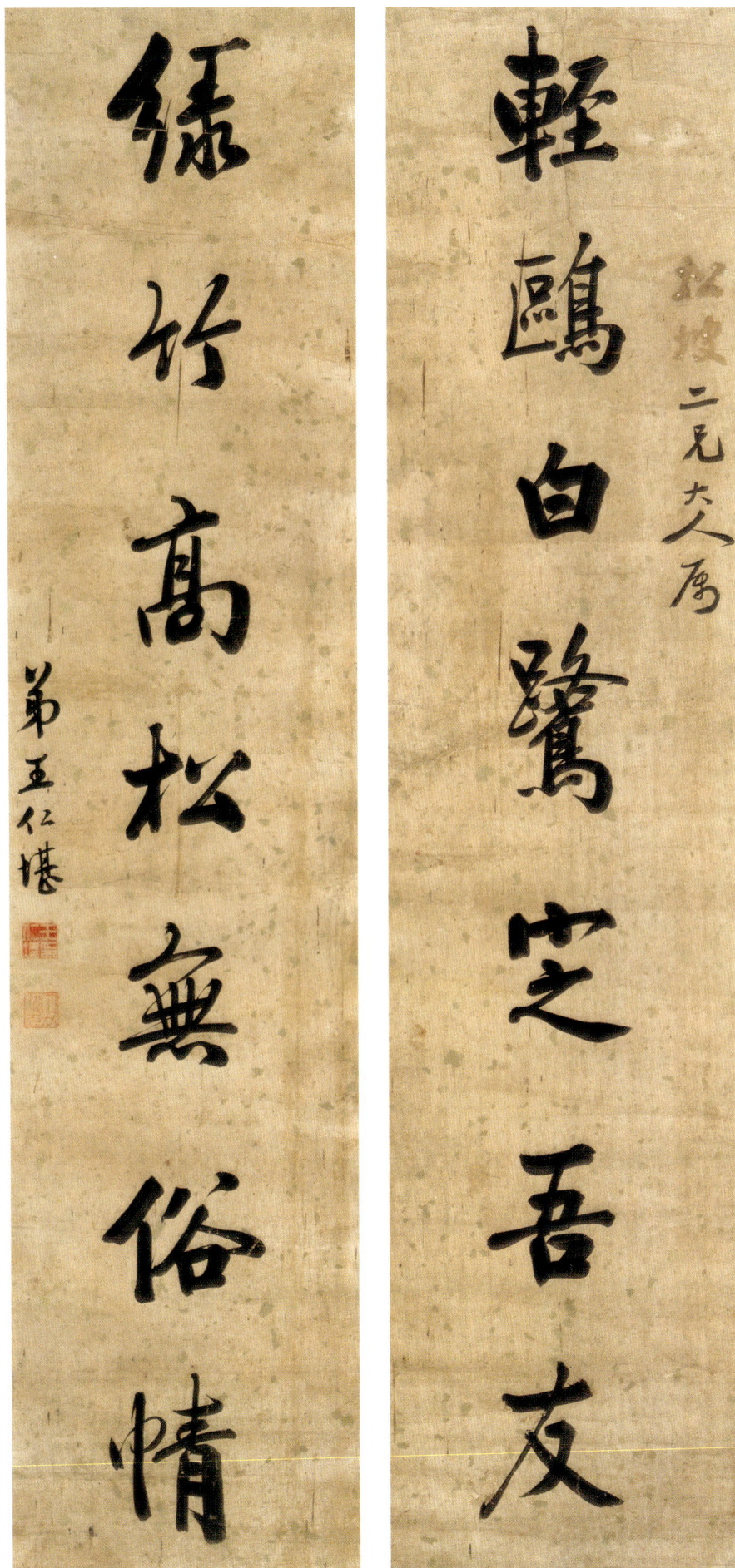

67. 清 王仁堪行书对联

纸本 纵127厘米 横30厘米

王仁堪（1848～1893），字可壮、大久、忍庵，号公定，闽县（福州）人。光绪三年（1877）年状元，授修课。官至知府。

此行书对联书于泥金笺纸，书宗唐欧阳询、褚遂良及"二王"笔意，书法端正秀润，笔力雄健，有书卷之气。

（郑伯铭）

樂無事日有憙

笑三仁兄大人正舉

集漢鏡銘

上泰山見神人

庚子秋九 冯雲 陶濬宣

68. 清 陶睿宣隶书对联

纸本 纵136厘米 横33厘米

陶睿宣（？～1915），字心云，会稽人。书宗六朝迁像，笔力峻厚，但较刻板缺少变化。

此六言联句。具六朝及魏之遗风，着墨苍劲略显呆板。

此联书于笺纸上，纸上有花青藻纹、松叶纹。

（郑伯铭）

未能一日寮過

恨不十年讀盡書

癸未夏　逖先　張祖翼書

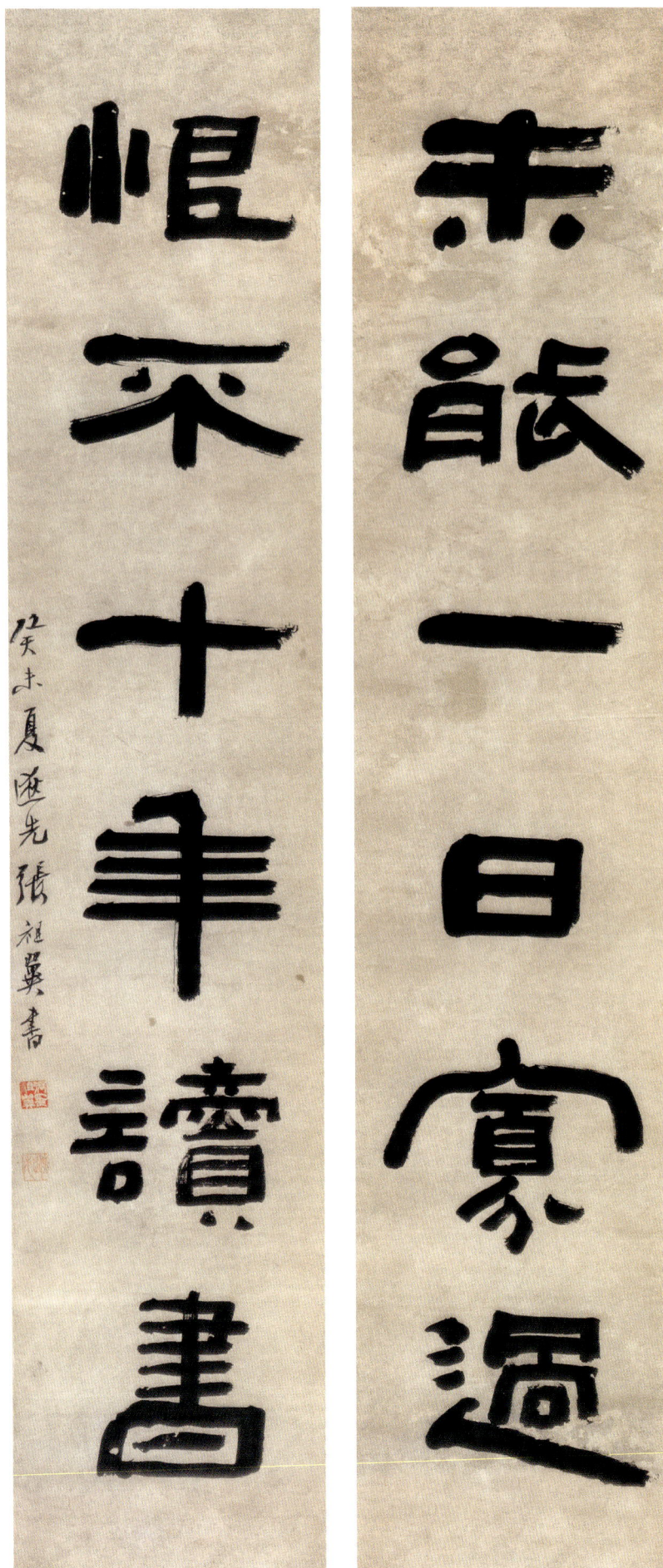

69. 清 张祖翼隶书对联

纸本　纵123厘米　横29厘米

张祖翼（1849～1917），字逖先，号磊庵，安徽桐城人。以拔贡生而官江苏知府。精金石考证。工篆、行、楷，尤长隶书。

此联其书天骨开张，力充气沛，又加上篆书笔法，能于平板中见奇险。入民国寓上海，与吴昌硕、高邕之、汪渊若被誉为"海上四书家"。

（郑伯铭）

诵道德经如窥古史

晴波观察一兄大人正

著金石略能绝皇初

张謇

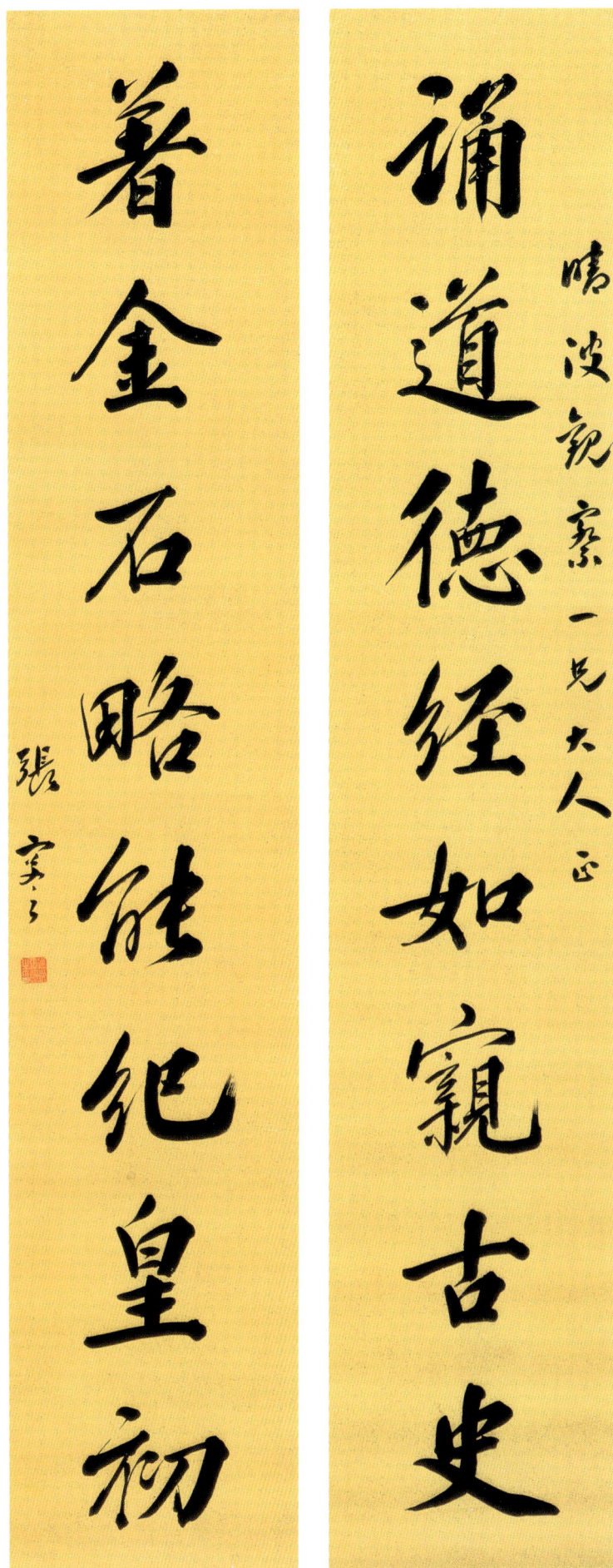

70. 清 张謇行楷对联

纸本 纵167厘米 横33厘米

张謇（1853～1926），字季直，号啬庵，江苏南通人。光绪二十年（1894）状元，授修撰。是中国近代实业家、教育家。创办了大批实业，1905年创办南通博物苑，是中国博物馆创始人之一。辛亥革命后，任南京政府实业部长、农工商部兼全国水利总裁。

此行楷联句，书风出入唐人楷书及赵孟頫，端庄秀丽，但缺少自己面目。

（郑伯铭）

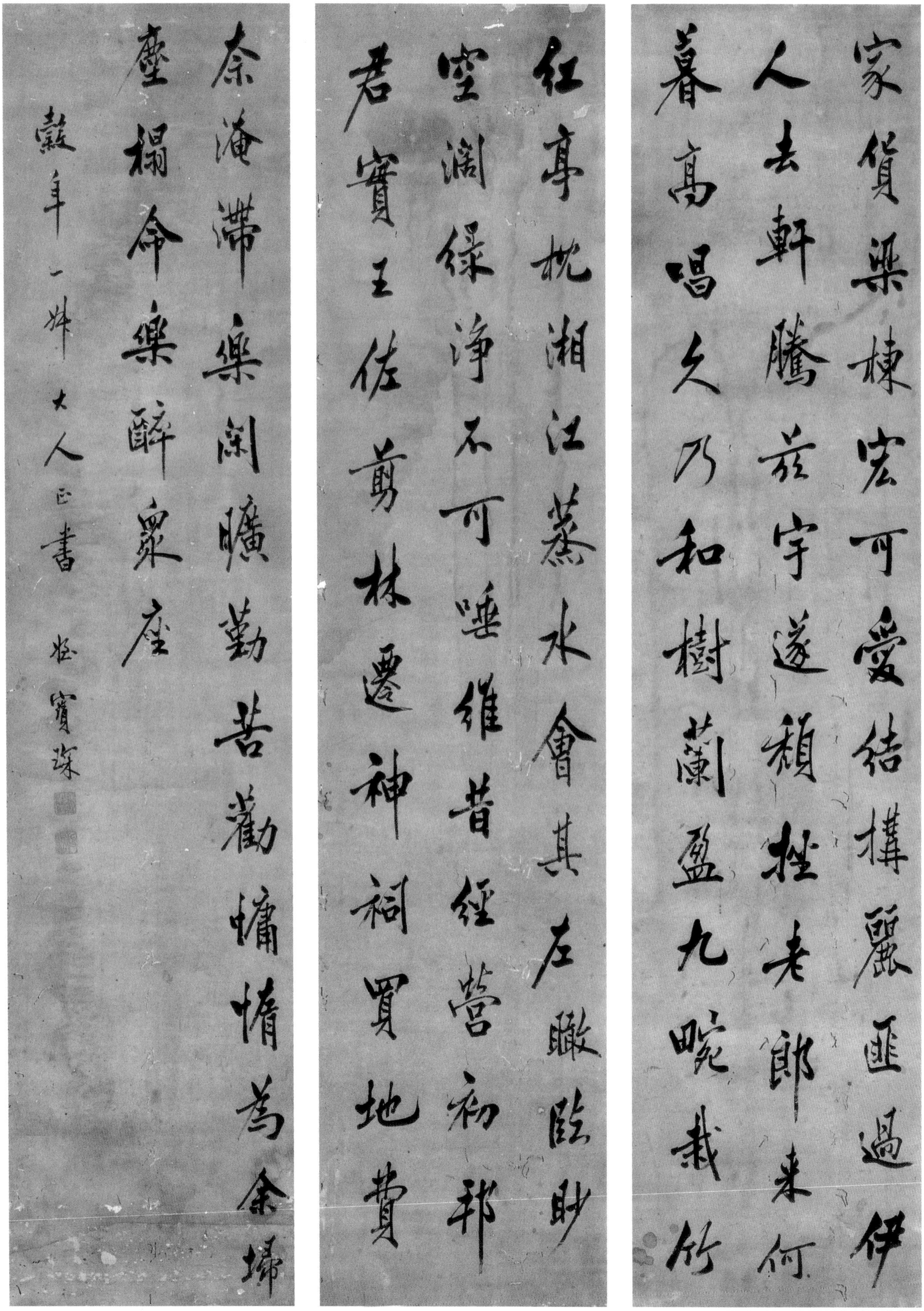

家貨樂棟宏可愛結構麗匪過伊
人去軒騰莊宇遂賴挫老郎來何
暮高唱久乃和樹蘭盈九晥栽竹

紅亭枕湘江蒸水會其左瞰臨眇
空濶綠淨不可唾維昔經營初邦
君實王佐剪林邊神祠買地費

奈淹滯樂劇騰勤苦勸慵惰為余堝
塵榻令樂醉眾座

歲年一件大人正書
寶珠

逾萬个長人汲滄浪幽蹊下坎坷波
涛夜俯陳樹朝對臥初如遺官情
終乃寡仙人生誠多羔事往悲豈

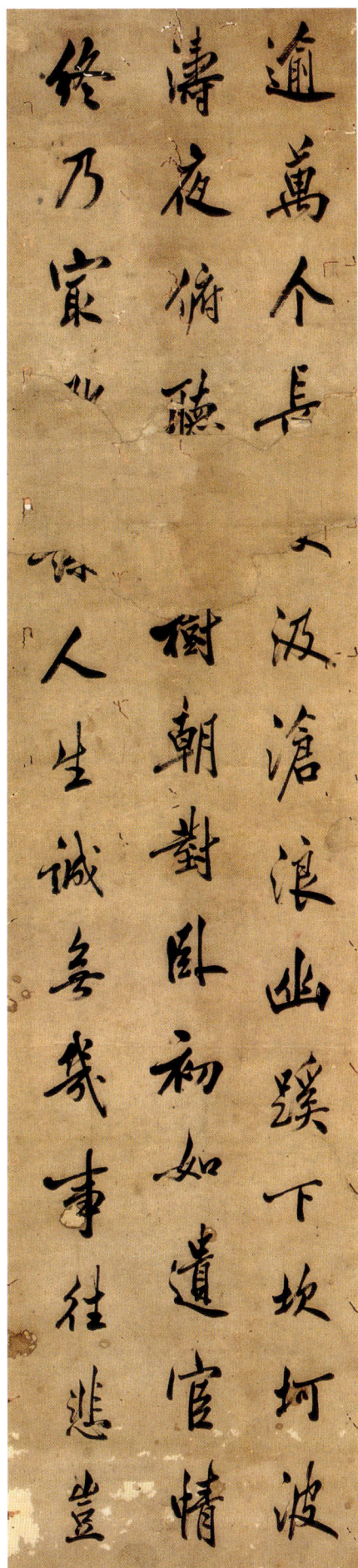

71. 清 陈宝琛行书四条屏

纸本 纵144厘米 横33厘米

陈宝琛（1848～1935），字伯潜，一作伯泉，号弢庵，又号橘隐，福州人。官至内阁大学士。擅书，书法欧阳询，劲健流畅，神定气闲。又喜藏古印，辑《澄秋馆印存》。

此五言古诗条幅，字体狭长，明显左低右高之势，由于线条力度强韧而险中有稳。转折处锋棱安然挺拔，倚正相合，错落有致，敛纵互补。清劲绝尘，跃然纸上。

（苏梦飞）

藉甚當年四首詩　何如傳唱冶春詞　明湖風物
羨依舊　太息邢溝竟埒祠　江南与汝千何了雪
得憶心尔許深　誰敢西崑箋錦瑟　放王遺老傷
銷沈於移戴笠舊風神　絕原生朱顏綵綵身
絕代銷竟我能後　手持麈尾第三人

延呂仁兄屬錄題漁洋秋柳詩四絕　丙寅冬月　衍

72. 清　陈衍行书中堂

纸本　纵92厘米　横39厘米

陈衍（1856～1937），小名尹昌，字叔尹，号石遗，福建福州人，清代诗人和学者，著有《清代诗抄》、《石遗室诗话》，是中国近代诗歌流派"同光派"闽派的领袖之一。

行书录王渔洋七绝四首，共五行。书法欧阳询、虞世南，受同里郑孝胥影响，劲健挺拔中时露温文尔雅、平静简和之意。

（苏梦飞）

谁说长安不易居，春明宅子上阶，徙踏穿户限门如市，亦似鸿都碑下。车鸿翔仁兄大雅属 庚申秋日孝胥

73. 清 郑孝胥行书轴

纸本 纵145厘米 横38厘米

郑孝胥（1860～1938），字苏戡、太夷，室名海藏楼，福建闽侯人。光绪八年举人。历任广东按察使、湖南布政使等职。清亡后，以遗老自居，后出任伪满洲国国务总理，为时人所不齿。

此件书法取径欧阳询及苏东坡，亦得力于北魏石刻造像，他极力提出作楷应楷隶相参。其用笔多一拓直下、斩钉截铁，豪纵劲健，节奏起伏腾荡，连篇气象宏伟清劲。

（郑伯铭）

奇龍逸鳳久飄泊

南海康有为

天圖地碣森龍巖

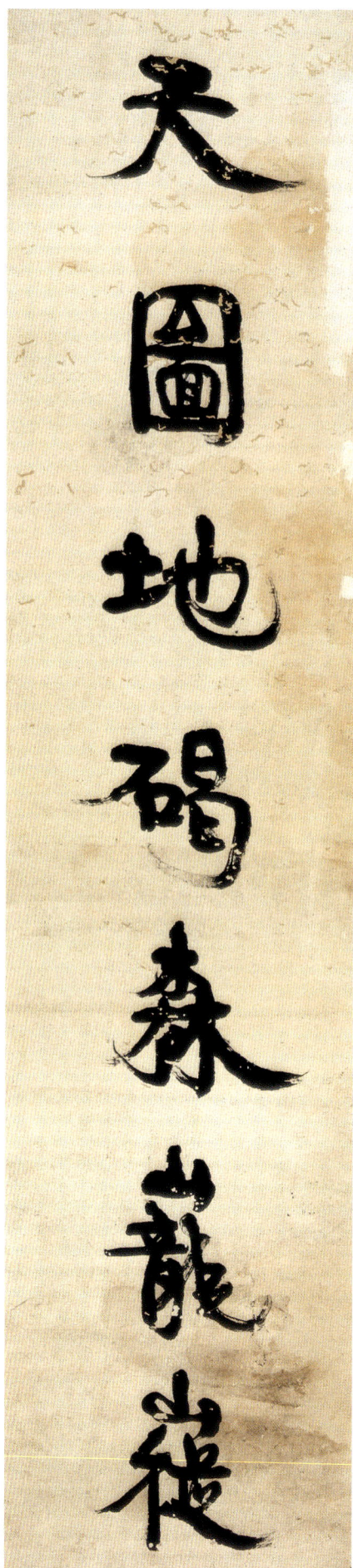

74. 清 康有为行书对联

纸本 纵138厘米 横34厘米

康有为（1858~1927），原名祖诒，字广厦，号长素，后易号更生，晚年别署天游化人等，广东南海人。清光绪年间进士，官授工部主事、总理各国事务衙门章京。清末"戊戌变法"的主要发起者。

康有为善书法，取法《石门铭》，参以《经石峪》、《金刚经》、《云峰山石刻》等。著有《广艺舟双楫》一书，论书提倡碑版，攻击帖学，有尊魏（碑）卑唐帖之说，然其书却类唐隶。

该作品笔画平长，转折多圆，运锋自然，结体舒张，确有纵肆奇逸的气派，但笔力较弱，缺乏含蓄和变化。

（尤丽雪）

六朝分書出於縣篆人分純是天機其勝於後人

仲之仁兄法家正

麓孫熙

75. 清 曾熙楷书条幅

纸本 纵104厘米 横38厘米

曾熙（1861～1930，一作1859～1929），初字嗣元，后字子辑，号候园，晚号农髯，湖南衡阳人。光绪二十九年进士，曾主讲石坡书院。少时与李瑞清同学书法，1915年起在上海卖字。

曾熙尝学石鼓文、《夏承碑》、《史晨碑》及"二王"书法，尤得力于《瘗鹤铭》、《金刚经》、《张黑女墓志铭》和章草。

此幅作品得《瘗鹤铭》及郑道昭笔意，圆处不滑，方处不滞，呈现了坦荡的节奏。

（郑伯铭）

鑴詞刻漏勒篆鼎鐘

讀畫煙雲訪碑寰宇

墨史尊兄大人雅屬

壬辰華世奎

76. 近代 华世奎行楷对联

纸本　纵140厘米　横37厘米

华世奎（1864～1942），字璧臣，自署北海逸民，天津人。真、草、隶、篆诸体皆能，尤以颜体楷书称道于世。

此八言对联得颜鲁公神韵和金文之圆浑，端庄中求灵巧之变。肥不臃肿，挺拔厚重，变化生姿，拙中藏巧，尤其写到细微处，更是凝神静气，无丝毫草率之感，一提一按富韵律之美，举重若轻，潇洒自如。一股书卷气飘然而出。

（苏梦飞）

地與人文增氣象

經果先生雅屬

天盪民意放晴和

餘杭章炳麟

77. 近代 章太炎行书对联

纸本 纵143厘米 横34厘米

章太炎（1869～1936），名炳麟，字枚叔，号太炎，浙江余杭人。一生从事革命活动和教育工作，著有大量学术论著，在中国近代哲学、文学、历史学和语言学方面均有较高造诣，有《章氏丛书》、《章氏丛书续编》和《章氏丛书三编》等。

此联书近何子贞，略取碑学方笔神态，而仍以圆润为主。点画韵味古朴，精劲内敛，笔调轻松，挺拔遒劲。读章氏书法，士人之胸中万卷、笔头千字之气跃然眼前。

（苏梦飞）

78. 近代 伊立勋隶书中堂

纸本 纵104厘米 横54厘米

伊立勋（？～1940年），名峻斋，字熙绩，别署石琴老人、石琴馆主，福建宁化人，清代书法家伊秉绶的后代。光绪末年，伊立勋任无锡县知县。辛亥革命后，旅居上海，数十年以鬻字为生。他的规则是：无论识与不识，无润不书。

该作品是伊立勋69岁时为厦门中学堂校长王选闲（王人骥）书写的作品，内容是临《汉乙瑛碑》，虽为临碑之作，但还是显现自身特色。用笔平稳，每字大小一致，十分规整。笔画粗细、墨色浓淡变化不大。

（林秀琴）

琴書悦性靈

風月暢懷抱

辛巳五月

雲間白蕉

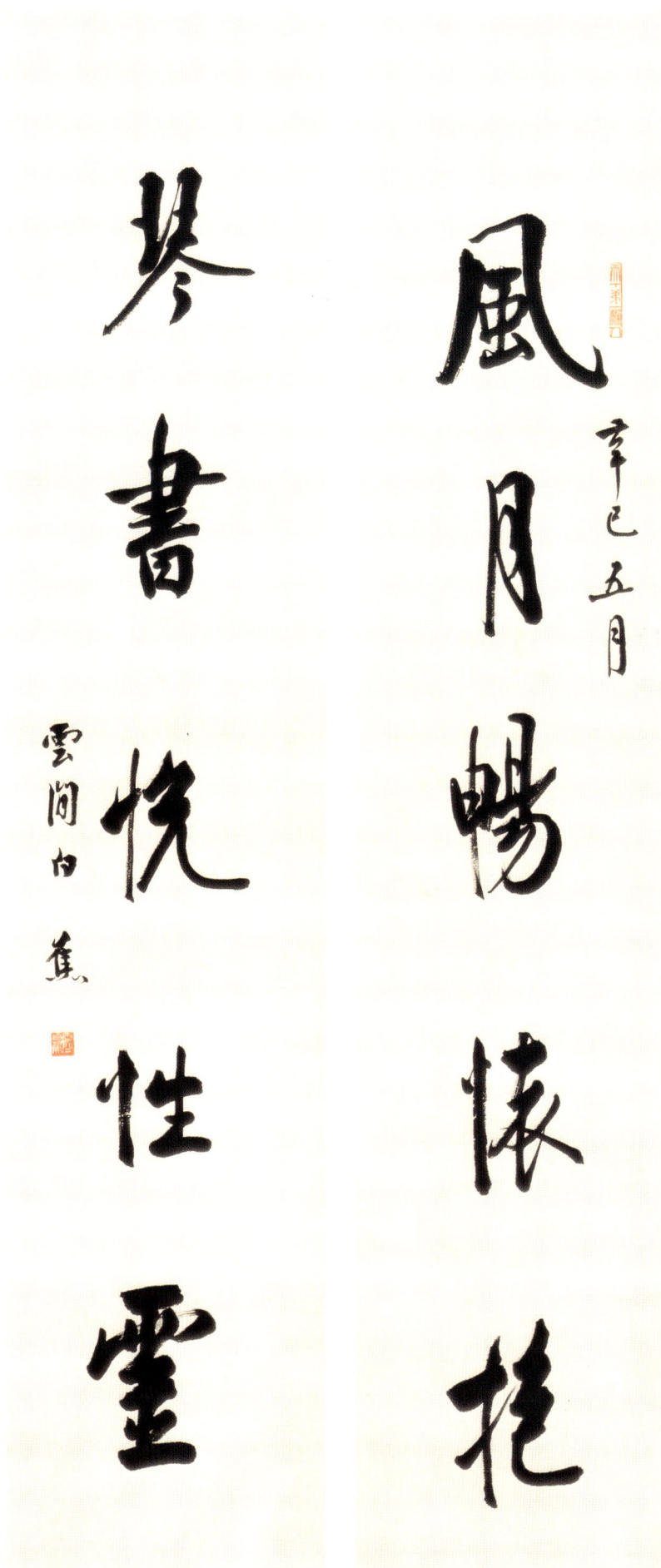

79. 现代 白焦行书对联
纸本 纵133厘米 横27厘米

白焦（1907~1969），本姓何，名馥，字廷远，号旭如，又署复翁、济庐等，上海金山人。出身书香门第，为海上才子，生活散淡自然，不慕名利，诗书画印皆允称一代，蜚声文坛，写兰尤享盛誉。书以"二王"为宗，兼取欧阳询、虞世南、米芾、董其昌诸家，平和简远，萧淡清媚。

此幅对联，明快清新，淡静古雅，笔势洒脱，轻松有致，充满了晋韵唐法。曾自言："作字要有活气，官至而神行，如丝竹方罢，而余音袅袅，佳人不言而光华照人。"此联尽然。

（苏梦飞）

论窮趙海辭方催乃

清泉先生評之

石能補天柱不傾

80. 现代 虞愚行书对联

纸本 纵146厘米 横30厘米

虞愚（1909~1989），原名德原，字竹园，号北山，福建厦门人。曾任厦门大学中文系教授、中国社科院哲学研究所研究员、中国佛学院教授、国务院古籍整理出版小组组员、中国文化书院学术委员会委员。中国当代著名的因明学家、诗人和书法家。

虞愚把碑与帖的刚和柔巧妙地融合起来，形成自己的风格。主要特点是运用粗细相间的笔调体现刚柔并济，使作品更有节奏感，常常笔断意连，以气贯之，形象生动，讲究形、神、意、态，字字神采奕奕。此对联是其早年作品，书中可见魏碑郑文公、石门铭气息。

（郑伯铭）

空山新雨后，天气晚来秋。
明月松间照，清泉石上流。
竹喧归浣女，莲动下渔舟。
随意春芳歇，王孙自可留。

一九八八年十月十有七日东渡暖热沼屿亲观

厦门博物馆藏

谢稚柳 七十又九

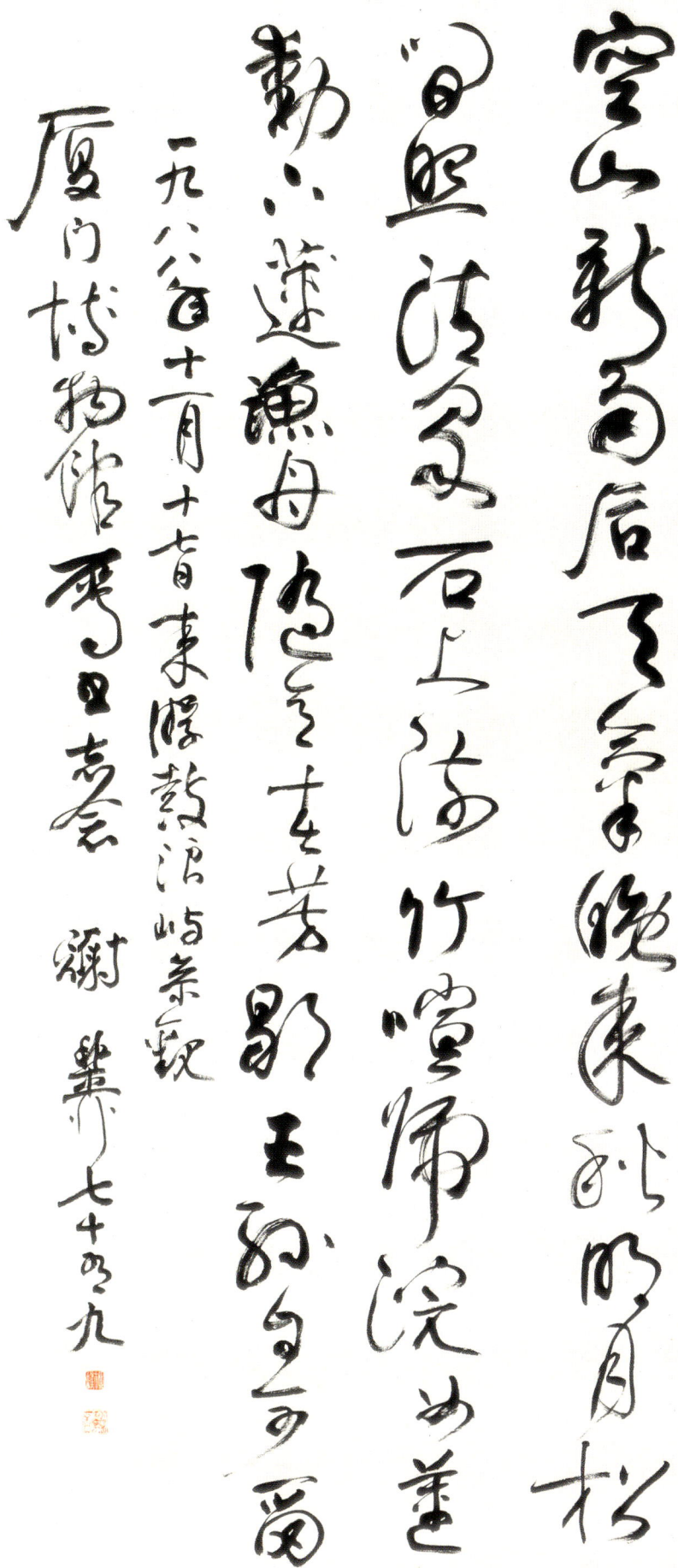

81. 现代 谢稚柳行草中堂

纸本 纵135厘米 横68厘米

谢稚柳（1910～1997），中国当代著名书画家，原上海博物馆研究员，全国书画鉴定五人小组成员。精通书画鉴定、美术理论、绘画、书法、诗词等诸多艺术领域。少年时，书法师学陈洪绶（老莲），中年兼具宋人标致的风神，书体俊秀清奇，老年后，笔底致力于唐张旭《古诗四帖》。

该作品得张旭气度神韵，去其狂癫而为放逸、清雄格调。下笔结体变幻莫测，但仍不失法度，一点一画，皆成规矩。系1988年11月17日谢稚柳先生莅临厦门市博物馆时题赠，书唐王维所作五律《山居秋暝》一首。

（陈进东）

移山填海

朱德

82. 现代 朱德行楷中堂

纸本条幅 纵72.5厘米 横33厘米

朱德（1886～1976），中国人民解放军创始人和领导者，军事家。国内现存朱德题词较多，以行楷和行草书为主。

"移山填海"四字为行楷书，六个字具颜体楷书风格，用笔沉着、有力、果断，不拖泥带水，十分符合他军人的气质。题词是1960年秋朱德委员长来厦门视察时，应厦门市委第一书记袁改的请求，为建于高崎的海堤纪念碑所题写的。纪念碑现为市级文物保护单位。

（林秀琴）

绘画 画法

书法

陶 瓷

玉 器 项

杂

厦门市博物馆藏品集粹

XIAMENSHIBOWUGUANCANGPINJICUI

83. 西汉 彩绘陶乐舞俑
高37.5厘米

该俑造型生动，其发型为中分型，宽额，细长眉毛，杏仁眼，修长鼻，樱桃口，短颈，左手朝后摆动，右手弯曲向上触肩，整体为向前迈步舞动状。整体涂抹白色地子，头发用黑彩整体涂抹，眉毛、眼睛用墨彩细画，两腮下部用红彩画一圆圈，嘴用红彩涂抹；连体裙上用白彩等装饰出多重菱形花格纹，双袖下部为横行排列的条纹；领口、对襟、腰部及裙下部用黑彩装饰。

该俑有三大特点：一是整体造型生动，动感十足，具有汉代乐舞俑造型的普遍特征；二是色彩鲜艳，虽经两千余年，但依然保存完好；三是做工精细，尤其是上彩部分，线条自然、准确，全面地将汉代对女性的审美观表现出来：脸庞丰满、细长柳眉、杏仁眼、细长鼻、樱桃小口等。

（彭景元）

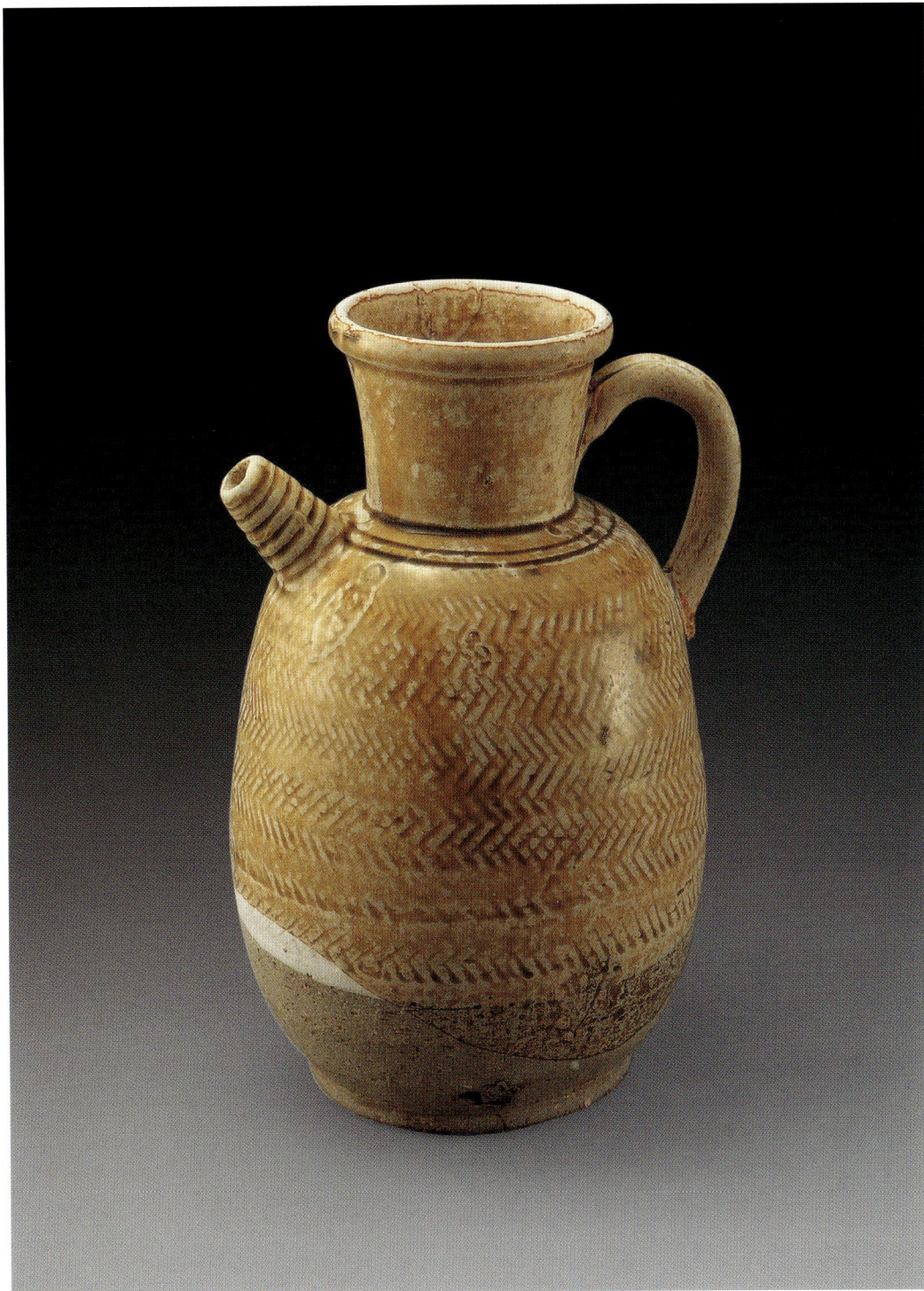

84. 唐 寿州窑黄釉注壶
　　高19.4厘米　口径6.8厘米　底径8.3厘米

该器口圆唇，微外侈，长颈，冬瓜形腹，腹部延收于近底处，平底，一侧为管状短流，相对应一侧为圆条状弧形把；胎体厚实，施化妆土，通体施黄釉，厚薄不均且不及底，流釉底线不规整。唇沿下方素胎上刻有一道弦纹，流体上刻有数道弦纹，腹部压印席纹。

寿州窑是唐代的著名瓷窑，唐人陆羽《茶经》中将之列为当时的六大瓷窑之一。寿州今属安徽，窑址分布于淮南高塘湖、上窑镇、余家沟一带，以烧黄釉器为主。

（彭景元）

85. 唐 长沙窑青黄釉獬豸香熏
高13.6厘米　口径4.9厘米　底径10.1厘米

平口外翻、束颈、溜肩、葫芦形腹、饼状平底。正面颈肩部位贴附獬豸头部，肩腹其他部位贴附獬豸的足与尾，腹近底部镂空一圆孔；胎色灰白，胎质粗松；施青黄釉，釉层厚薄不匀，开细碎纹片，釉层浓处显酱色，薄处显青灰色；胎釉结合不好，有脱釉现象。造型奇特、构思别致，是唐代长沙窑一件匠心独运的优秀作品。

该香熏的珍贵之处在其造型，似瓶似壶又似罐，在长沙窑中也属独特与罕见。目前长沙窑所发掘的器物之中，有为数不多的凤凰香熏。凤凰香熏的造型由上下两部分组成，上部一凤凰造型别致，尤其注重了凤凰的头部与尾部的造型组合。獬豸香熏的造型与凤凰香熏具有异曲同工之巧，獬豸的头部造型是以夸张的方式将双眼、嘴部放大、外突，而其极具特点的独角则较小，其足、尾的处理方式与凤凰香熏的处理方式也基本相同。

唐代是我国古代最为鼎盛的时期，生活的贵族化导致人们对生活的多方位追求，作为具有健康美容功效的熏香习俗也大行其道。当时的文人墨客对此习俗有诗文加以称赞，白居易有诗云"疑香熏罢画，似泪着燕脂"，李白也留下了"床上绣被卷不寝，至今三载有余香"的诗句。

熏香习俗的流行，使香熏用器的产量增加，品种多样化。除常见的香熏球、多足香熏外，还出现了如上所述的凤凰香熏、獬豸香熏等，质地多为金属材料，陶瓷器较为少见。除长沙窑外，在越窑系的一些窑口也偶尔能见，数量极少。

据史书记载，獬豸，中国古代传说中的一种神奇动物，也是古代神裁制度下所出现的著名神兽，又被称为法兽。獬豸能辨曲直，明辨是非，形状与中国古代其他神兽一样，是若干种动物的组合体，在不同的时期有不同的形状，身形大者如牛，小者如羊，共同的特点是双目明亮有神，额头上有一只独角。由于獬豸象征公正，成为正义的化身，有些朝代执法官员的衣服上就绣有獬豸的图案，御史等执法官员所用的帽子也被称为"獬豸冠"。

（彭景元）

86. 五代 越窑青釉葵口碗

高8.1厘米 口径19.4厘米 底径7.8厘米

圆唇, 口沿外侈, 葵口, 深腹, 腹壁内凹五道直线如出筋纹, 圈足, 足壁略外撇。器物内外均施艾青釉, 并可见足端留有12个泥珠支烧痕。釉水青中泛灰, 有细小冰裂开片。此碗为五代越窑典型器物。

唐、五代时期是越窑青瓷大发展时期, 陶瓷史上将其与同时期的北方邢窑白瓷称之为"南青北白", 其制品成为当时饮茶之风盛行时人们崇尚的茶具。

（张仲淳）

87. 北宋 青釉带盖多嘴魂瓶

高43.8厘米 口径9.8厘米 底径11厘米

子母口、带盖，瓶体形似橄榄，腹部对称四排各五个乳突，俗称为"嘴"。平底，宝塔形盖。通体施灰青釉，釉色泛白，釉层厚薄不匀；底露胎，胎灰质粗。四排乳突之间的空间行草墨书 "千秋万岁五谷仓屋年年常满子孙代代富贵也绍圣三年（1096）丙子八月日谨题"文字，字体狂放有力。

该瓶为北宋器物，造型一改之前常见的魂瓶多层堆塑景物与人物的繁复做法，代之以简单的四排乳突；墨铭写出了施葬者的祝愿、祈福与具体的年代。是一件不可多得的标准器，对于研究当时的葬俗与陶瓷器生产具有重要的参考作用。

（彭景元）

88. 南宋 青釉刻划建筑图案大盖罐

高59厘米 口径37厘米 底径24厘米

子母口、丰腹、平底，器盖作丰球形，饰宝珠钮。造型硕大敦实，灰黄色胎；器身施青黄釉，施釉不及底。器身采用弦纹、水波纹、附加堆纹等由上至下作10层装饰，尤以器腹中间刻划的"七铺作重拱双抄双下昂"式的庑殿建筑形象在中国古代建筑史上别具特色，其细部如中脊鸱尾、檐柱斗拱和槅扇门窗等皆清晰可见。

此器于1957年11月在湖里区禾山镇吕厝宋淳祐八年（1248）王德华墓出土，出土时罐内套装一件盛有骨灰的小罐，是宋元时期流行于闽南的一种墓葬用具。

（陈娟英）

89. 元 龙泉窑青釉如意耳长颈瓶（一对）

高15.3厘米 口径5厘米 底径5.5厘米

圆唇、平口、长颈、溜肩、直腹斜收、矮圈足。颈部附两个扁平如意状耳；胎灰，胎体厚重，胎质较粗；通体施青釉，底露胎，釉层厚薄不均，釉色发灰而且多处为灰黄色，颈部、腹部等多处有数道弦纹。

（彭景元）

90. 元 龙泉窑青釉镂空划花鱼穿

高18厘米 口径21厘米 底径15厘米

口大底小，上下贯通。平沿，菊花口，短颈，溜肩，腹下收，腹壁镂空，颈部有五个小圆孔，圈足。胎灰白厚重，施青黄色肥厚乳浊青釉，肩部及腹壁刻划简单的弦纹及花卉纹。此件镂空鱼穿，通体内外施釉，纹饰镂空，刻划十分精致，属赏玩佳器。

（陈娟英）

91. 明 龙泉窑青釉划花长筒瓶
高35.6厘米 口径9厘米
底径9厘米

圆唇，撇口，短颈，折肩，长直腹至底
渐小，圈足。胎体厚重，瓶内可见明
显的旋痕，足脊留有敲击痕。施厚亮
青釉，腹上部刻划卷云纹，腹部主题
为刻划大写意秋葵图案。

筒瓶始见于明代万历朝，因形若直
筒，故名，寓"天下一统"之意。此件
刻花筒瓶，釉厚肥润，深刻浅划，十
分精美，属民窑之精品。

（陈娟英）

（周翠蓉）

92. 明中期 哥釉叶脉洗

　　高4.2厘米 长24.2厘米

灰白胎，胎体厚重，施灰白釉，通体开片，"金丝铁线"效果明显，足脊无釉，涂有铁锈色。

该器是明代景德镇仿哥窑的调色洗，形如秋叶，洗中以叶脉纹理分成数个浅格，各个格中可以盛放不同的色料，方便工作，且具有"一叶落而知秋"的艺术韵味，属文房佳器。

（周翠蓉）

93. 明嘉靖 蓝釉三足炉

高9.3厘米 口径16.8厘米 底径13.2厘米

圆唇，直壁，平底，底附三矮足，足与底面平齐。内壁底和外底露胎，胎地坚致，呈火石红色，有明显的制坯时留下的旋切痕迹。施蓝釉，釉色较淡。内底墨书"香炉"，外底墨书"嘉靖二年（1523）闰四月廿一日及泉置于籍室"。

蓝釉属高温石灰碱釉，掺入适量天然钴料做着色剂，在1280℃～1300℃窑内一次烧成。此件嘉靖蓝釉三足炉使用国产料，发色灰淡，虽无进口回青料呈色艳丽，但此炉内外皆有墨书铭款，表明了该器的功用和确切纪年，十分难得。

（陈娟英）

94. 明万历 青花开光花鸟盖罐

高46.5厘米 口径18.7厘米 底径21厘米

带盖，盖如将军头盔。罐作平沿、直口、短颈、丰肩、鼓腹、圈足、露胎平底内凹。胎灰白，坚实厚重。装饰为青花万字锦地开光，盖及肩、腹部均饰开光折枝花果，腹部主题纹饰为开光洞石花鸟纹。

万历瓷器一般质地粗松，胎体厚重。装饰技法喜用开光、镂雕等，绘画风格繁缛麻密。常见的大器多粗砂底，可见明显的放射状跳刀痕与火石红色。

（郑晓君）

95. 明万历 珐华仙人洞造像

高38.5厘米

器物分成两节：上部堆塑成洞形，环以烟山云海，洞中有一打坐仙人；下部为长方形底座，周围堆贴兽面、杂宝纹，底平微内凹。红陶胎，粗重，施珐华釉。

珐华釉是装饰陶、瓷器的一种低温色釉，用牙硝作熔剂，施釉方法是在陶胎表面采用立粉技术，勾勒出凸线或堆贴纹饰轮廓，然后分别以所需彩料填底子和花纹色彩，入窑烧成。珐华釉是一个集合名词，专指装饰珐华器所用的黄、白、蓝、绿、紫等各种色釉。此件陶胎珐华釉仙人洞造像应为山西地区烧造的有关道教题材的作品。

（陈娟英）

96. 明崇祯 青花人物笔筒
高20.5厘米 口径19.4厘米 底径18.4厘米

平沿、直壁，笔筒中间微内收、平底、中央部位微凸起。施卵青釉，口沿及底面露胎，胎骨细白，坚致沉重。外壁青花描绘贵妇及侍从三组九人庭园漫步观景图，园中布置亭台水榭洞石，间以芭蕉棕榈、修竹垂柳等景物。人物面部轮廓清晰，不作涂染，五官口、目、鼻用轻点笔法，开清代瓷画风格之先河。全画构图疏密有致，笔墨精工，青花鲜丽明快，是一帧色泽雅致、意境优美的园林风景人物画。笔筒口沿下及近底处饰一周缠枝菊花和江水海牙暗刻花纹。无论造型、装饰还是画风特点，堪称为明末清初转变期的佳作。

（苏丽娟）

97. 清顺治 五彩麒麟芭蕉纹觚

高40.6厘米　口径8.8厘米
底径14厘米

微敞喇叭形口，筒形长腹，腰间微微
凸起，至底微外撇，露胎平底。釉面肥
润略显青色，口沿饰一周酱釉。腹部饰
五彩麒麟、芭蕉、洞石、蟠桃等图案。

觚原为商周时期的青铜酒器。明末清
初，将其造型改造为陈设用瓷，器型有
大有小，该件瓷觚是同类器型中较大
的一件。器身纹样以五彩装饰，延续
了明代后期五彩中蓝彩以釉下青花代
替的特点，色彩艳丽，构图层次分明，
繁而不乱，疏密有序。

（黄恩靖）

98. 清康熙 青花开光人物大缸

高47.5厘米 口径51厘米 底径32厘米

此件器物体型硕大。圆唇、胎体细腻坚致、规整厚重；施白釉，釉面白中闪青。通体青花装饰，外壁口沿下饰一圈织席纹和一圈变形钱纹，地为万字锦和冰片白梅纹饰。平素砂底无款无釉。其主体纹饰为四个不同内容的开光人物故事，以民间喜闻乐见的演义小说和戏曲故事为题材，人物形象栩栩如生，再配以意境深远的山水背景，使画面层次分明，极富立体感，宛如一幅幅水墨国画，将戏曲传说的美丽、唐诗宋词的意境再现于瓷画，展示出幽菁清新、浓淡相宜的艺术魅力。

此缸纹样多采用深青勾勒图案轮廓，再用青花混水加以渲染绘成，此技法是康熙时期独特的绘画工艺，在一笔点画的基础上分出层次，使青花色彩浓淡有致，称为"五彩青花"。其纹饰所描绘的山水人物意境清远、笔墨苍秀，这种带有浓郁的文人气息的山水画在明末清初的瓷器上甚为流行。为康熙时期的佳品。

（苏维真）

青花开光人物大缸 四面开光图案

99. 清康熙 青花山水人物笔筒

高15.8厘米 口径17.7厘米 底径17.7厘米

平沿、直壁、底心内凹。胎地坚致厚重；施白釉，釉色微泛青。外壁饰以青花山水人物故事图案，青花浓翠，蓝分五色。运用"斧劈皴"绘画手法，表现远山近水，层次分明，画面富有立体感，为康熙朝的典型器物。

康熙青花使用"珠明料"，在莹润雅洁釉面上，益显发色青翠，浓淡深浅，变幻莫测，不虚"青花五彩"之美誉。

（苏丽娟）

100. 清康熙 青花山水人物笔筒

高14.4厘米 口径17厘米 底径17.2厘米

平沿，厚唇，直腹微收，底平，底心内凹，落"成化年制"楷书款，康熙时期的青花瓷器上盛行仿写前朝款识。糯米胎地，细白厚重，施亮青白釉；青花浓郁，呈色翠蓝。笔筒画庭院仕女图，生动描绘仕女在绿树浓荫、芭蕉傲立的深深庭院中，击鼓吟唱、悠然自乐的景象。

（苏丽娟）

101. 清康熙　青花"赤壁赋"笔筒

高15.6厘米　口径17.8厘米　底径17.8厘米

圆唇，直腹，卧足，底心凹处有青花"文房山斗"四字款。胎细白、厚重，施亮青白釉，器底及口沿为乳白釉，釉面肥厚光润，底有涩圈。器外壁青花楷书苏轼《前赤壁赋》全文，字体工整、清新悦目。

笔筒是文房用具之一，文房用瓷的生产在我国历史悠久，到了清康熙时期，更备受重视。当时盛行在瓷器上书写长篇诗词歌赋，常见的有《前出师表》、《后出师表》、《前赤壁赋》、《后赤壁赋》、《兰亭序》、《归去来辞》、《滕王阁序》等作品。此件青花《前赤壁赋》笔筒胎釉极其细腻，造型端庄典雅，是康熙时期的典型器物之一。

（苏丽娟）

102. 清康熙 青花山水人物花觚

高46.5厘米
口径22.4厘米
底径14.5厘米

圆唇，敞口，长颈，溜肩，腹下渐收至底部外撇，圈足。器身蛋壳青釉，底足内粉白釉，有棕眼。颈部和腹部分别以斧劈皴法描绘青花溪水待渡图，口沿、肩部及近足沿处分别绘有如意纹、席纹和锯齿纹。

器型挺拔浑厚，纹饰精美，青花呈典型的珠明料翠蓝色，层次丰富，色调稳定，给人以沉着、坚细的感觉，体现了康熙时期制瓷技术的精进与娴熟。

（蔡敦农）

103. 清康熙 青花淡描花卉长颈瓶
　　高36.9厘米　口径8厘米　底径12.2厘米

圆唇，长直颈，溜肩，圆腹，圈足，足脊浑圆。胎地细白厚重；施亮青白釉，绘多层青花纹饰。口沿下和颈肩部绘有织席纹、菱形纹、回形纹等；腹部主题纹饰为大如意头轮廓线内描满莲花纹、牡丹纹等奇花异卉。图案布局疏密有致，轻描淡绘，格外清雅。

（黄恩靖）

104. 清康熙 青花山水人物炉

高16厘米 口径23厘米 底径13厘米

圆唇，敞口，束颈，圆腹，圈足，足脊刮削齐平。胎细白厚重，施亮青白釉，圈足内釉面有芝麻点。炉外壁以"斧劈皴"法绘青花山水人物图案，立体感强，青花色泽浓淡分明，呈宝石蓝色泽，明丽青翠，极为鲜艳，远山近景，层次分明，具备康熙青花瓷器的各项重要特征。

（周翠蓉）

105. 清康熙 青花人物铃铛杯

　　高8.1厘米　口径9厘米　底径3.5厘米

圆唇，大敞口，长腹下收，小圈足。胎细白，亮青白釉。器外绘青花三国人物故事纹饰，口沿及圈足处各有青花弦纹。底有青花"大明成化年制"伪托款。

铃铛杯，因倒置似铃铛而得名，流行于明、清两朝。

（郑晓君）

106. 清康熙 青花十六子墩式碗

高8厘米 口径17.5厘米 底径6.5厘米

直口，深腹，高圈足，底有青花双圈楷书"大明宣德年制"六字伪托款。胎地细白，亮青白釉。口沿及碗心各有二道青花弦纹，圈足处一圈卷云纹，碗心绘一童子蹴鞠图，外壁通体绘庭院十六子图案，一群孩童在花丛中嬉戏，有的捧书吟诵，有的骑木马奔跑，呈现一幅童趣生动的场景。十六子图寓意人丁兴旺，多子多孙，是古时常见的吉祥图案。

（苏丽娟）

107. 清康熙 青花人物方形倭角盘

高2.6厘米 口径14.7厘米 底径7.8厘米

花口,薄方唇,斜直腹,圈足,平底。胎质细腻坚致,胎显白色,胎体薄而玲珑。施白釉,釉质晶莹,光泽纯白。口沿内外各二道青花弦纹,盘中以青花绘一仕女月下品茗图,外壁饰青花兰草、梅花、菊花图案。底落青花双圈楷书"大清康熙年制"官窑款。

(郑晓君)

108. 清康熙 青花缠枝莲纹盏托（一对）

高8.1厘米 口径11.7厘米 底径8.1厘米

盏托两件，大小一致，只是纹饰稍有不同；均尖唇、张口、折浅腹、大圈足，盘中有一小圆圈凸起，使之与放置其上的茶杯（或盏）等恰好套合。胎体细腻洁白，精致轻薄；施白釉。盘内中心绘变体莲花纹，紧依凸起圆圈的外侧施繁缛细致的缠枝莲纹，纹饰规矩，略显呆滞。底青花双圈内楷书"大清康熙年制"款。

（陈 文）

109. 清康熙 孔雀蓝釉暗刻龙纹盘

高4厘米 口径25厘米
底径14厘米

外卷圆唇，折腰，圈足内无釉，刻写楷书"大清康熙年制"三行六字官窑款。胎质细腻坚致，器型规整。外壁腹部刻划二条赶珠龙及祥云纹，内壁刻划三条赶珠龙及祥云纹，均具康熙时期典型的云龙纹特征。

此器施翠绿色釉，釉层厚薄不匀，呈色深浅不一，薄处色淡而鲜艳，厚处浓重而葱翠，呈现透明的玻璃质感，釉面有细碎的开片，充分反映出康熙时期孔雀蓝釉的制瓷技艺。

（陈娟英）

110. 清康熙 雪花蓝釉尊

高14.2厘米 口径14.2厘米 底径10.5厘米

圆唇、侈口、束颈、鼓腹、喇叭状圈足、平底。胎质细腻灰白、器体厚重、造型规整。口沿、内壁及底均为白釉，口沿还有白色化妆土。外壁洒蓝釉，像雪花般洒在白色的地上，故名"雪花蓝"，亦称"青金蓝"釉。"雪花蓝"为明宣德时期首创的名贵品种，采用吹釉方法施釉，通常是在待烧的白釉器上，用竹制的管状工具，一端包扎着纱布，醮青料用口吹洒而成。

（沈水红）

111. 清康熙 斗彩云龙盘（一对）

高5厘米 口径21.5厘米 底径13.6厘米

圆唇，敞口，浅腹，大圈足。外壁绘斗彩卷云龙凤纹；盘内绘斗彩云龙火球图案，正面龙头形象威武凶猛。全器胎质细致坚密，釉面莹润，色彩丰富，色泽艳丽，绘画细腻精湛。底双圈内青花楷书"大清康熙年制"官窑款。

斗彩又称逗彩，是釉下青花和釉上彩绘相结合的一种彩瓷品种。斗彩的施彩技法，通常指的是一种在器胎上用青料双钩纹饰轮廓，施亮釉烧成素瓷后，在青花双钩线内填画需要的色彩。使用的彩料相当丰富，有鲜红、油红、杏黄、姜黄、水绿、叶子绿、孔雀蓝、葡萄紫、姹紫等等。

（苏丽娟）

112. 清康熙　黄釉绿彩海涛云龙纹碗（一对）

高6.7厘米　口径15厘米　底径5.7厘米

尖唇、敞口、腹较深、圈足。胎细白，施黄釉，圈足内为白釉。碗内底一圈凹弦纹，碗中绘一绿立龙，碗外于黄釉地上刻海涛行龙纹。底青花双圈楷书"大清康熙年制"官窑款。

黄釉绿彩是低温色釉釉上彩品种之一，其造型品种比较单一，多以盘、碗为主，自明永乐时期创烧以来，成为明、清两代的传统品种。

（郑晓君）

113. 清康熙 釉下三彩
山水人物龙纹花觚
高39.7厘米
口径23.9厘米
底径14.9厘米

圆唇，喇叭口，小鼓腹，圈足，足外撇，平底露胎。施白釉为地，胎质细腻，胎体厚沉，胎色略显灰白。

釉下三彩是以氧化钴、氧化铜、氧化铁为着色剂，集青花、釉里红、豆青三种色彩于一器的釉下彩作品，是康熙时期创烧的珍贵品种。它在预先刻划压印好的纹饰区域，巧妙地配以青花、釉里红、豆青三种色彩作为点缀，相得益彰，在古拙的康熙瓷器中平添一丝娇媚和艳丽，风格一新，殊为难得。

（蔡敦农）

114. 清康熙 冬青釉鸟兽纹琵琶尊

高36.5厘米 口径20.5厘米 底径15厘米

盘口、粗颈、斜肩、圆腹、矮圈足外撇、底足作二层台。胎地细白、极为厚重、外施肥润的冬青釉。
颈、肩部对称堆贴铁泥釉铺首。胎地上通体自上而下刻划有变形蕉叶纹、回形纹、珍珠地纹、腹部
主题为变形鸟兽纹、近底部为错叠的如意纹。冬青釉又称东青釉、青釉品种之一。此件康熙冬青釉
鸟兽纹琵琶尊以豆青为主要色调、釉面平润、色泽稳定、是一件十分成熟的冬青釉作品。

（陈娟英）

（陈娟英）

115. 清康熙 珊瑚红釉净水钵

高15.5厘米 口径9厘米 底径8.5厘米

凸唇，扁圆腹，底足呈竹节状，由上至下渐加大，圈足内凹。胎细白、厚重。器表施珊瑚红釉，其上以金粉精描双龙纹、锦纹、莲瓣纹等。口沿及器腹、器足数道铁褐釉，刻划回纹、卷草纹、莲瓣纹。钵内及圈足底心为白釉。

珊瑚红釉是清代烧制的一种低温铁红釉，将红釉吹在烧好的白釉器上，烧成后，釉色均匀、光润，呈色红中闪黄，能与天然珊瑚媲美，故名"珊瑚红"。珊瑚红釉始于康熙，盛行于雍正、乾隆。此件康熙珊瑚红釉净水钵，在珊瑚红釉上用金彩描绘龙纹、锦纹等，更显得富丽堂皇。

（陈娟英）

116. 清康熙 白釉描金龙纹琵琶尊

高36.8厘米 口径20厘米 底径16厘米

圆唇，盘口，束颈，鼓腹，喇叭形圈足，平底。糯米胎，胎体厚重，胎质细腻洁白。白釉为地，颈部以金彩绘饰芭蕉叶纹，其下为连环纹、回纹，腹上部回纹带中绘小龙纹，腹部主题纹饰金彩赶珠龙纹，足部绘连环圆圈纹。

此件康熙白釉描金龙纹琵琶尊，造型典雅，以纯净白釉为地，金彩描绘赶珠龙等纹饰，雍容华贵，富有气派。

（陈娟英）

117. 清康熙 盖雪红花卉棒槌瓶

高27厘米 口径7.7厘米
底径10.5厘米

棒槌瓶又称宝字瓶，是康熙时期的代表器型。此器作圆唇，侈口，直颈，溜肩，长直腹，平底。胎质细白，造型规整，肩及下腹近底处各有一周青花带状鱼鳞纹装饰。该棒槌瓶的装饰主题为腹部的盖雪红牡丹花卉图案。在洁白细润的釉面上，鲜艳的红彩结合华丽的金彩，使得花卉的描绘更富有层次感，线条流畅，绘工细腻，生动不凡。在白釉上用铁红彩描绘纹饰的品种称为"盖雪红"。盖雪红是康熙时期的名贵品种，加金彩者更为上品。

（邱承忠）

118. 清雍正 青花折枝花卉瓶

高35.8厘米 口径9.8厘米
底径10.2厘米

微敞口，长颈，颈间一道凸起。器身修长，底外撇，二层阶足，底面内凹。胎地坚致，内外壁施匀润白釉，底面青花双圈。其造型有继承也有创新，一改康熙时浑厚古拙之风，代之以端庄秀丽、线条柔美之貌。各部位比例协调，恰到好处。外壁所绘青花折枝花果、波浪纹饰色泽深沉艳丽，点描渲染，各臻其妙，配上光润洁净的釉面，洁白如玉的胎质，格外衬托出其制作精细、图案简洁、布局疏朗的清新特色。

（蔡敦农）

119. 清雍正 青花灵芝纹八棱小罐

高9厘米 口径2.7厘米 底径4.9厘米

圆唇，小口，短颈，溜肩，腹呈瓜棱状，底内凹，菱形圈足。胎细白，胎体较轻，施白釉。器外绘青花灵芝、瑞草纹，纹饰线条柔美，构图疏朗，色调明快，层次分明，以幽倩湛蓝的色彩令人赏心悦目。底青花"大清雍正年制"楷书官窑款。

（黄恩靖）

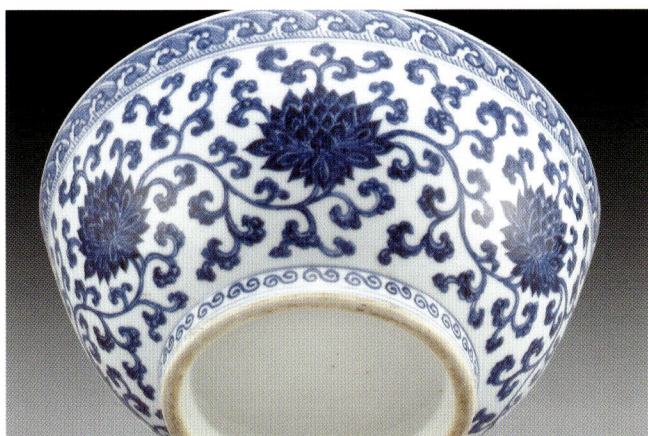

120. 清雍正 青花莲纹大碗

高11.5厘米 口径29.4厘米 底径15厘米

平沿，敞口，深腹，圈足。胎质细白，胎体规整厚重。外壁由上而下以青花分别绘饰水波纹、缠枝莲纹和串带纹。主体纹饰青花缠枝莲纹寓"出污泥而不染以示清廉"之意，整体上仿明宣德青花大碗风格。碗外口沿下横书"大清雍正年制"青花楷书官窑款。

雍正青花素以精细小巧著称于世。而此碗却是器型硕大，独出一格，更显别致。

（周翠蓉）

121. 清雍正 青花团菊纹盘

　高2.4厘米　口径11.3厘米　底径7厘米

圆唇，敞口，浅腹，大径矮圈足，平底微外凸。外壁绘青花葵花、勾莲纹，口沿及圈足处有青花弦纹；盘内绘青花团菊，内底及口沿各有二道青花弦纹。纹饰简洁大方，绘工流畅，釉色泛青，青花色泽深沉。胎质细腻坚致，胎较薄，造型规整。底书青花"大清雍正年制"六字楷书官窑款。

（苏丽娟）

122. 清雍正 青花矾红彩云龙纹小碟（一对）

高7厘米 口径7.6厘米 底径5.2厘米

圆唇，敞口，斜直壁，圈足，平底。胎质坚密细致白，釉水温润如玉，器型玲珑，小器大样。碟内底与外壁均绘有腾龙戏火珠纹饰。矾红彩色彩艳丽，青花祥云呈色纯正。底落矾红彩"大清雍正年制"六字篆书官窑款。

（周翠蓉）

123. 清雍正 斗彩龙纹盘
高2.8厘米 口径17.1厘米 底径10.1厘米

尖唇，撇口，浅腹，圈足较高。胎细白，施白釉。盘内壁饰"壬"字云纹，盘内底绘斗彩云龙戏珠纹，间以双圈青花弦纹相隔。盘外壁绘海水波涛及云纹。底青花双圈楷书"大清雍正年制"官窑款。

此盘以淡描青花勾出纹饰轮廓线，再填以各色细润的彩料，填彩准确，很少溢漫出廓。红色油润，绿色似水般莹亮明澈，纹饰简洁优雅。

（郑晓君）

（许小茵）

124. 清雍正 斗彩寿字碗（一对）

高6.5厘米　口径13.8厘米　底径5厘米

圆唇，敞口，深腹，圈足。胎地坚致，器施白釉。外壁以青花结合红、绿、淡黄、浅紫色彩料描绘六个精美的
图案化"寿"字，口沿处饰几何纹，近圈足部饰缠枝花纹，其绿彩柔和，红彩富丽，青花浓淡有致。碗内及碗
底施白釉。底青花双圈内有"大清雍正年制"青花楷书款。

此碗纹饰精细雅致，色彩清丽和谐，具有雍正官窑斗彩之典型特点。

（许小茵）

125. 清雍正 粉彩花卉大碗
　　高7.9厘米　口径18.7厘米　底径8.7厘米

尖唇，敞口，深腹，圈足。胎薄质坚，胎质细白。施白釉，釉质莹透明。腹部绘粉彩折枝牡丹、梅花、菊花图案。内底绘一折枝牡丹花。底青花双圈楷书"大清雍正年制"款。

粉彩，又名"软彩"，它在色料中掺以铅粉并加施玻璃白，有意减弱色彩的浓艳程度，用分水淡洗法涂饰花纹的层次，在彩绘上改变了五彩那种单线平涂的生硬色调，充分吸收了中国绘画的表现方法，运用各种丰富的彩料，使画面风格近于写实。雍正时期的粉彩在烧制、胎釉、彩绘方面得以空前发展，成为釉上彩的主流。

（郑晓君）

126. 清雍正 粉彩花鸟盘

　　高2.8厘米　口径14.8厘米　底径9.5厘米

尖唇、敞口、浅腹、大径矮圈足。胎质细白，器型规整，施白釉为地，釉色微泛青。外壁施黄釉，釉质晶莹，内底饰粉彩洞石、花鸟、蜜蜂等图案，纹饰讲究细部处理，精美华丽，艳而不俗。底落青花　"大清雍正年制"　楷书官窑款。

粉彩是我国瓷器釉上彩绘的一种独特装饰方法，因彩料中含有玻璃白粉而得名。雍正粉彩在我国陶瓷发展史上占有重要的历史地位，素以精巧细腻著称于世，颜色具有鲜而雅、粉而柔的特点。

（郑　宏）

127. 清雍正 黄釉绿彩云龙纹寿字盘

高3.8厘米 口径19厘米 底径12厘米

尖唇，直口，浅腹，大圈足，足脊浑圆。胎地坚致，施黄釉。内壁绘绿彩香草龙纹及"壬"字云纹，盘心以绿彩双钩"寿"字图案。盘外壁饰绿彩香草龙戏珠纹。盘底施白釉，青花双圈内书"大清雍正年制"楷书款。

此盘绿彩浓郁，黄釉色泽较深，为雍正时期制作的较为精湛的黄地绿彩官窑器物。

（许小茵）

128. 清雍正 娇黄釉小杯

高3.5厘米 口径6.1厘米 底径2.4厘米

尖唇微撇，深腹，圈足。胎色洁白，质地细密。器型规整，器壁较薄。内施白釉，外壁施匀润娇黄釉。底落两排六字"大清雍正年制"青花楷书官窑款。

娇黄釉是以适量的铁为着色剂，在氧化焰中烧成。此件雍正官窑娇黄釉小杯，在白瓷地上施娇黄釉，显得淡而薄，滋润而无纹片，是最成功的娇黄釉作品。

（陈娟英）

129. 清雍正 蓝釉盘

　　高3.8厘米 口径20.3厘米 底径12.6厘米

圆唇、直口、浅腹、平底、大圈足。胎坚细白, 盘内及圈足内施白釉, 微泛青; 盘外壁施蓝釉, 釉质肥腴, 釉面光亮, 略显橘皮纹, 口沿为醒目的白釉灯草口。底青花双圈 "大清雍正年制" 楷书官窑款。

清代康、雍、乾时期, 烧造了高品质的蓝釉器。此盘器型规整大方, 施釉光洁均匀, 蓝釉深沉稳重, 不啻为一件官窑佳器。

（谢惠雅）

130. 清雍正 霁蓝釉高足碗
高10.4厘米 口径18.5厘米 底径7.5厘米

直口、深腹、竹节状高圈足、足脊较圆。胎坚白细致、碗内及圈足内施白釉、碗外壁施霁蓝釉、釉面有细小气泡。外底落二行六字"大清雍正年制"青花篆书官窑款。

蓝釉属高温石灰碱釉、掺入适量天然钴料做着色剂。高温蓝釉是元代景德镇窑创烧的瓷釉新品种、后人称为"霁蓝"。此件雍正官窑高足碗釉色浓艳深沉、匀润稳定、光亮细腻。

（陈娟英）

131. 清雍正 天蓝釉鱼篓尊

高13.3厘米　口径11.7厘米　底径15厘米

器物整体形似鱼篓，平唇，直口，短束颈，扁圆腹，圈足，肩部饰一周凸起的乳钉装饰。胎地坚致厚重，内外施天蓝釉，足端涂饰铁锈釉。釉层润泽光亮兼具失透状，釉面为"金丝铁线"大开片。底有"万历年制"四字楷书款。

鱼篓尊又称花囊，造型取材自日常的生产用具，流行于清代雍正、乾隆时期。

（张仲淳）

132. 清雍正 天青釉水仙花盆

高5.4厘米 口径16.4厘米 底径16.4厘米

器呈十二等边形状，口沿部微凸起，扁腹，底微凸，圈足。胎地坚致、厚重。造型规整，线条柔美。内外壁施天青釉，虽然素釉，无任何装饰，但可见其釉色还原准确，釉层匀净，釉面润泽，汁水莹厚，有如堆脂。底有青花"大清雍正年制"官窑款识。是雍正时期仿汝窑天青釉的优秀作品。

(邱承忠)

133. 清雍正 哥釉竹节笔筒

高11.5厘米 口径7.6厘米 底径8厘米

器作直筒竹节状。圆唇外卷，平底，内凹成圈足。胎地坚致，器型敦实。内外施灰青釉，釉质肥润，釉表有"金丝铁线"开片，足端涂铁锈釉，形成铁足效果。

哥窑在宋代五大名窑之中以"文武开片"的釉面装饰而别具一格。清代雍正烧制的仿哥釉尤为神似，不仅釉面具有宋代哥釉那种油腻酥光、肥厚饱满之感，而且开片装饰中粗纹色黑，细纹色黄，黑褐色的胎质也通过涂抹铁锈的足端来表现。此件仿哥釉笔筒釉色、纹片俱佳，达到了炉火纯青的地步。

（张仲淳）

**134. 清雍正 冬青釉凸棱
橄榄瓶**

高29.8厘米 口径8厘米
底径8.7厘米

器型如橄榄，口、底收敛，上
下对称，底承圈足，足内露
胎。瓶壁外表密饰竖条状凸棱
纹。器胎细白厚重，施匀润冬
青釉，釉层厚，玻璃质感强。

此器造型独特，釉质肥厚，釉
薄凸出处白线如出筋，下凹积
釉处则青中闪绿，如翠玉般
青翠光润，且器物大小比例适
中，属清雍正仿龙泉梅子青釉
的成功之作。

（谢惠雅）

135. 清雍正 白釉菊花瓣盘（一对）

高3.1厘米 口径16.1厘米 底径10.2厘米

尖唇，菊花口，浅腹，腹壁呈菊花瓣形，广平底，浅圈足，足端抹圆。胎质细白，胎体轻薄，内外施白釉，唇部加施乳白釉。底青花双圈 "大清雍正年制" 楷书官窑款。

官窑制瓷，精益求精。此对菊花瓣盘，模印成型，制作规范，口沿为波浪式起伏，器壁呈繁密的花瓣形，多达二十四瓣。胎薄体轻，轻巧玲珑，不仅造型取胜，而且釉色洁白如雪，素雅洁净，为雍正官窑细瓷精品。

（谢惠雅）

136. 清雍正 白釉暗八宝纹高足碗

高10.5厘米 口径18.5厘米 底径7.8厘米

圆唇、敞口、深腹、高圈足，足端圆滑。胎地细白坚致。内外施白釉，白中泛青。外壁暗刻"八宝"、如意云头及勾莲纹等纹饰。底青花篆书"大清雍正年制"六字官窑款。

清雍正时，瓷土选料精细，研粉、澄浆、制坯等要求严格，烧结火候适度，因而胎体坚白细润，成型规整，匀称一致，重量适中，且所施白釉，多为白中闪青釉，具有玻璃质感。此件雍正白釉碗不仅具有上述特征，而且在素净的器身上装饰着佛教常用的象征吉祥的八宝纹，暗刻的纹饰线条细如发丝，若隐若现，再现了明代永乐甜白暗刻瓷器的制作工艺，为雍正素釉瓷的上乘之作。

（张仲淳）

137. 清乾隆 青花釉里红八仙祝寿纹盘

高2.9厘米 口径14.5厘米 底径8.9厘米

尖唇，撇口，弧壁，大圈足。胎洁白细腻，通体施白釉，釉面匀净，光泽莹润，微泛青。底青花双方框楷书"养和堂制"四字款。

整件器物以青花釉里红作装饰，盘内底面绘一高颅老寿星和神鹿立于水波之上，寓意"福禄寿"的吉祥纹饰。外壁绘八仙过海图案。其八仙衣衫飘逸，手持宝物，形态惟妙惟肖，呈分散状各自立于波涛翻腾的水波之上，图案采用广为流传的八仙祝寿故事为题材，把八仙的仙风道骨、怡然自得的神态淋漓尽致地描绘出来。

清人以"养和堂"为室号、别名的有弘历、吴月素、汪应绍、蔡球、陈光亨等人。弘历即清高宗乾隆。"养和堂制"应是弘历所用的堂名款。

此盘制作精细，人物形象优美生动，为乾隆时期瓷器中的精品。

（苏维真）

138. 清乾隆 青花缠枝莲纹牛头尊

高44.5厘米 口径17厘米 底径25.3厘米

圆唇，直口，斜肩，肩两侧有对称变形螭耳，鼓腹，矮圈足。外壁口沿饰雷纹，直口处绘锦地团寿纹，直口下绘如意纹一周，腹部通体绘缠枝勾莲纹，口下及足上饰莲瓣忍冬纹。全器造型古朴规整，胎地细致洁白，胎体厚重，重心稳定，白釉光润莹亮。青花色泽明快，绘画流畅，纹饰精致。底青花 "大清乾隆年制" 六字篆书官窑款。牛头尊非实用器，以形似牛头，故名，一般适合于室内条案之摆放。此件官窑牛头尊纹饰华丽，布局对比鲜明，青花发色沉稳，为乾隆时期瓷器之佳作。

（苏丽娟）

139. 清乾隆 青花缠枝莲纹双耳瓶

高67.8厘米
口径29.8厘米
底径24厘米

圆唇，盘口，长颈，颈部两侧有对称的双兽耳，筒式腹，底足外撇。外壁青花图案自上而下共分九层。盘口处绘海水波浪纹，颈部绘蕉叶纹、串珠纹、如意纹，肩、腹部主题纹饰绘缠枝莲，中间海水波浪纹相隔，胫部绘仰莲瓣纹，圈足外绘折枝和如意纹等。

该器青花色泽艳丽，釉面莹润清亮，釉层厚薄均匀，胎体紧密坚致。器型高大，造型规整。图案布局合理，画工流畅，纹饰虽饱满却不失层次分明。造型、纹饰、图案布局均是典型的乾隆青花瓷器风格。

（苏丽娟）

140. 清乾隆 青花莲托八宝纹盘
高4.3厘米　口径25.8厘米　底径16厘米

敞口，卷圆唇，弧壁，圈足，平底微塌。胎质细白，造型规整。施滋润白釉，釉色微微泛青。在内壁近口沿处绘变形缠枝牡丹葫芦纹，牡丹象征富贵，葫芦表示子孙绵延。内底面五个变形如意头纹连成一体。其外壁绘缠枝莲托八宝图案。八宝也称八吉祥，是佛教常用的象征吉祥的八件器物，其排列有一定规律。清代八宝按法轮、法螺、宝伞、白盖、莲花、宝瓶、金鱼、盘肠顺序排列。底青花"大清乾隆年制"篆书官窑款。

该器造型规整，青花呈色淡雅，纹样工整，布局严谨，绘工精细流畅，把青花纹饰映衬在白色的釉面上，显得幽静而雅致。

（苏维真）

141. 清乾隆 青花龙纹盘

高3.4厘米 口径16.5厘米 底径9.9厘米

尖唇，撇口，圈足，足脊略尖。盘内底、口沿及圈足处各有二道青花弦纹。盘内绘青花火云立龙纹，外壁相对绘有火云游龙纹。胎质细白，胎体精细轻薄，制作规整。青花色泽淡雅沉静，纹饰清晰。底书"大清乾隆年制"青花篆书款。是一件乾隆官窑器。

（苏丽娟）

142. 清乾隆 釉里红团凤碗

高6.5厘米 口径14.5厘米 底径5.9厘米

撇口，深腹，圈足。胎质细致洁白，施白釉，釉色泛青，釉汁滋润莹透。碗外壁饰五个釉里红团凤纹，碗内心还有一个釉里红团凤纹。此碗造型稳重，团凤图案规整，具有乾隆时期釉里红器物纹饰图案化、规范化的特点。底青花"大清乾隆年制"六字篆书官窑款。

（许小茵）

143. 清乾隆 青花荷莲大缸

高60厘米 口径67厘米 底径42厘米

器口呈宽圆唇，口沿下内收，弧直壁收底，底面较平。胎地坚致厚重，除底面露胎外，通体施白釉。外壁饰以青花，色彩浓艳亮丽。纹饰繁密，自口沿起绘五组吉祥图案，依次为祥云纹、八宝纹、如意纹、鹭鸶荷花纹和波浪纹等。采用细线描绘后再加以平抹渲染的手法绘成，使整个画面繁密堆叠，如万花汇集。

在植物、动物类的绘画题材中，更多反映出封建伦理观念和祈求幸福吉祥的愿望。通过动植物与器件、饰品、景物的搭配构成寓意图案来表达。如一丛荷花与一只鹭鸶，比喻一路连科中举高升；多对组合则意在路路连科飞黄腾达。

（苏维真）

144. 清乾隆 冬青地堆贴祥云福寿纹大缸

　　高55.5厘米　口径46厘米　底径37厘米

此件大缸器型庞大滚圆，敛口平唇，束颈丰肩，鼓腹下收，矮圈足，底部露胎，底面内凹。胎地坚致厚重。施冬青釉为地，外壁以单色白釉为装饰材料，在祥云缭绕之中，间夹以蝙蝠、寿桃图案，象征着福寿吉祥。

其造型规整，敦厚结实，釉质晶莹丰腴，光洁平净，色泽淡雅，布局繁密，堆贴纹饰凸起，富有立体感，尤如置身于云雾缭绕的仙境之中。此种纹样在乾隆朝的瓷器上较为多见，此期的纹饰内容较为复杂，但均以吉祥如意为主题，纹饰必有寓意，如百福、百寿、百子、福寿、瓜蝶连绵、官爵荣升、三星八仙等，画面单调刻板，意境通俗，迷信色彩浓郁。

此种大缸，容积大，用途广泛，可放于厅堂养鱼观赏，也可在书房中存放书卷画轴。像这样形制硕大、色釉亮丽、制作精良的大缸实属罕见之作。

（苏维真）

145. 清乾隆　青花红彩龙纹大缸

高46厘米　口径55厘米　底径31厘米

宽弧口沿，腹部弧度小，收底，平底微凸呈一饼形状。胎坚细，通体施白釉，釉面光亮匀净，微泛青。外壁口沿下有一行 "大清乾隆年制"楷书官窑款。口沿上用红彩描绘菊花；外腹壁则用青花结合红彩精绘五条正面、侧面龙，龙的形态不一、雄壮威猛，在怒涛汹涌的大海上穿行于祥云之间。

此种器身绘制龙纹的大缸是专为宫廷使用而定制，称为龙缸。龙缸装饰手法系采用青花勾勒图案轮廓再填以红彩突出主题纹饰，工艺精妙。其造型庞大规整，烧制难度高，成品少。因此清末《景德镇陶歌》称咏："龙缸有供自前朝，风火名仙为殉窑。博得一身烟共碧，至今青气总凌霄。"足见其烧制工艺的艰难。

(苏维真)

146. 清乾隆 斗彩莲托八宝盘

高5.4厘米 口径22.2厘米 底径11.9厘米

敞口，折腹，圈足内敛，足脊及内沿泛姜黄色。胎质细白，胎地轻薄，内外壁均施肥润细腻的亮青白釉。盘外壁斗彩精绘莲托八宝图案，盘内绘有灵芝、花卉等纹饰。青花线条柔细，呈色淡雅，各种彩料精填到位，发色分明，青花与粉彩争奇斗艳。底落二行六字青花篆书"大清乾隆年制"款。是一件乾隆斗彩官窑佳器。

（陈进东）

147. 清乾隆 斗彩团花马蹄碗（一对）

高6.6厘米 口径15厘米 底径9厘米

敞口，深腹，圈足。胎质细腻，内外壁白釉亮清细腻。外壁口沿下饰两道青花弦纹，主题纹饰为团形花卉，底饰作错色如意头。底落二行六字 "大清乾隆年制"青花篆书官窑款。清代斗彩比明代的更为精致，品种增多，已普及到一般生活用瓷，装饰多用团形花卉图案，虽布局严谨，但稍显板滞。斗彩团花马蹄碗在清代乾隆年间较为常见。

（陈进东）

148. 清乾隆 黄地绿龙"寿"字小碗（一对）

高5厘米 口径10.9厘米 底径4.7厘米

尖唇，敞口，深腹，圈足。胎质细白，外底施白釉，内、外壁施黄釉，釉色淡雅匀润。碗内底绿彩双圈加填"寿"字，外壁主题纹饰为绿彩云龙，配以如意头等边饰。底落二行六字"大清乾隆年制" 青花篆书官窑款。黄地绿龙"寿"字碗是为帝后祝寿定制的用器。

（陈进东）

149. 清乾隆 青花胭脂红彩龙纹盘
高2.9厘米 口径15.5厘米 底径9.3厘米

撇口，浅腹，圈足，足脊浑圆。胎细白轻薄，施白釉。盘中绘紫红彩龙纹，口沿有青花如意纹；盘外壁绘五蝠（福）衔绶带纹，底落青花"大清乾隆年制"篆书官窑款。

胭脂红又称金红、洋红等。是一种带紫色调的粉红色，犹如胭脂一般，故称"胭脂红"。它以金为发色剂，创烧于康熙年间，雍正、乾隆两朝较为流行，是一种名贵颜色釉。

（郑　宏）

150. 清乾隆 青花矾红彩九龙盘

高3.8厘米 口径17.5厘米 底径11.4厘米

圆唇，浅腹，大圈足。胎细白坚致，施粉白釉，釉面滋润。盘内底及口沿处各有二道青花弦纹；采用青花与矾红彩相结合装饰手法，即先用青花勾勒纹饰轮廓初烧，复以矾红彩填入龙纹二次烧成。整器可见栩栩如生之矾红彩蛟龙腾跃于波涛翻腾的青花海面上。龙头为巨角短额，长嘴闭口，龙身细长，龙脊有锯齿纹，五爪。盘外壁绘海水及九条形象各异的龙纹。口沿外下及圈足外分别绘钱纹及弦纹，底落"大清乾隆年制"青花无框篆书官窑款。

青花与红彩虽在明宣德以前已经成熟，但都是单独彩绘的品种，将这两种装饰组合在一件器物上的新工艺则始见于明宣德朝。清雍正、乾隆朝则十分流行，此盘即是其中的上乘之作，应是皇帝用来喜庆祝寿的器皿。

（苏维真）

151. 清乾隆 青花红蝠盘

高2.4厘米 口径11.3厘米 底径6.9厘米

尖唇，敞口，浅腹，大径矮圈足。胎质坚致细白，胎体规整、轻薄。施白釉为地，釉色微泛青。圈足外青花连体回字纹带，内外壁分别绘饰红彩祥云、蝙蝠等。底落青花"大清乾隆年制"篆书官窑款。

在传统文化中，蝙蝠谐音福寿之"福"。这五只蝙蝠构成的"五蝠"谐音"五福"之意。而"红蝠"亦是"洪福"的谐音，寓意洪福齐天。

（郑 宏）

152. 清乾隆 青釉变形夔龙三足炉

高13厘米 口径21厘米

圆唇、口微敛、深腹、平底、三柱形足。胎地坚实厚重，内外施青釉，外底无釉露胎，近口沿釉层较薄而显白，下半部釉色青绿淡雅，令人赏心悦目。外腹壁上部压饰一周菱格锦带纹，腹部主题纹饰为六组变形夔龙纹。

此炉造型敦厚稳重，器足呈兽蹄状，器身所饰菱格纹及夔龙纹，均可见商周青铜鼎之雏形，尤其是狰狞而神秘的主题纹饰不禁将人们的遐想带到了远古时代。

（谢惠雅）

153. 清乾隆 白釉印花双螭耳罐

　　高19.3厘米　口径8.9厘米　底径13厘米

平口，圆唇，直颈，圆肩，球形腹，假圈足微内凹。器身左右堆贴对称的螭首，含弧形把于口中。胎白坚细，通体施白釉，釉质匀润。罐体自上而下依次有四层印花纹饰：颈部为回形纹，肩部有如意云头纹，腹部主题装饰为三组六条变形夔龙纹，下腹部还有波浪纹。本器仿定窑印花风格，纹饰清晰，釉面洁白，做工精细，可与定窑器相媲美。

（邱承忠）

154. **清乾隆 紫金釉碗**

高6厘米 口径12.5厘米 底径 7厘米

圆唇，直口，斜直壁，平底，大圈足。胎体较薄，胎骨精细致密。施酱色紫金釉，釉质晶莹润泽，通体一致。底足内施白釉，光洁细润。底有"大清乾隆年制"青花篆书官窑款。

酱色釉又名"紫金釉"，日本陶瓷界称为柿红釉，是一种以铁为着色剂的高温釉。该件器物造型秀气大方，釉光内敛含蓄，让人赏心悦目。

（张仲淳）

155. 清乾隆 米黄釉折腰碗

高8.2厘米 口径15.5厘米 底径5.7厘米

圆唇、口微敞、深腹折腰，呈上阔下敛两层，圈足。胎细白坚致，器内、口沿及圈足内为白釉，碗外壁施米黄釉、釉面光洁明亮。底青花篆书"大清乾隆年制"官窑款。

折腰碗又称草帽式碗、凉帽式碗，见于明、清两代。此件乾隆折腰碗，器壁有深浅，造型别致，所施米黄色釉，温润婉约、淡雅脱俗，为不可多见的一色釉品种。

（谢惠雅）

（陈娟英）

156. 清乾隆 天青釉琮式瓶

高28厘米 口径8.2厘米 底径10.8厘米

圆口、短颈、方柱形长身，圈足外撇略大于口径。胎体厚重，釉色仿汝窑，除足沿外，通体施天青釉，足脊呈铁锈色。器型传承古代玉琮，器身四面凸起横线八卦纹装饰，俗称"八卦瓶"。底落青花篆书"大清乾隆年制"六字官窑款。

此器釉厚如脂，青光内蕴，造型古雅，是乾隆时期景德镇御窑仿汝釉的成功之作。

157. 清乾隆 炉钧小瓶
高16厘米 口径3.5厘米 底径5.7厘米

盘口，细长颈，颈部有三道竹节状凸弦纹，球形腹，腹部饰两道弦纹。圈足微外撇，平底。胎质细腻，器型规整，通体施炉钧釉，釉质晶莹、光亮，釉面呈蓝、绿等垂流交融，变幻莫测，十分美丽。圈足内无釉，呈檀香色。

炉钧釉是清雍正年间景德镇窑创烧的一种低温釉瓷器，制作时先由高温烧成素胎，然后在瓷胎上施以不同配方的颜色釉，再经低温炉火烘烤而成，釉面具有钧窑特色，故俗称"炉钧瓷"。

（沈水红）

（沈水红）

158. 清乾隆 哥釉双螭耳盘口瓶

高39.8厘米 口径17.8厘米 底径13.7厘米

盘口、束颈、鼓腹、圈足外撇。胎细白、厚重，颈部有对称堆贴的螭龙双耳。施粉青釉，釉层肥厚，釉面光亮，分布有黑色及酱黄色深浅不同的大小开片，俗称"金丝铁线"。器底无釉，呈铁锈色。此器为清代乾隆年间景德镇窑生产的仿哥瓷器。

（沈水红）

159. 清乾隆　绿哥釉碗

高5厘米　口径12.8厘米　底径5.1厘米

尖唇，撇口，圆腹，圈足较高。胎细白、坚致。施青绿釉，釉面褐线开片；口沿施酱釉，足脊无釉呈铁锈色，釉面多小气泡。外底落青花篆书"乾隆年制"四字款。

此器里外釉面呈均匀的青绿色，釉层凝厚，有玻璃光泽，器身布满细碎开片，故又有"绿哥窑"之称。此类器落青花篆书"乾隆年制"款，更是少见。

（陈娟英）

160. 清乾隆 仿古铜釉兽面纹瓷觚

　　高34.8厘米　口径20.7厘米　底径13.8厘米

　　圆唇，喇叭形口，长颈，腹部外凸，高圈足，圈足外撇折沿，腹、圈足分别有四道竖向的扉棱。胎体细腻坚硬，施仿古铜釉（即茶叶末釉）。器表以雷纹为地，上有变体蕉叶纹、变体兽面纹。这是清乾隆年间景德镇窑生产的仿商代晚期青铜觚制作的瓷觚，工艺精良，造型与商代晚期同类青铜觚十分相像，但纹饰远不及商代青铜觚的精美、凝重。觚是商周时期的青铜酒器，而该瓷觚则主要用于陈设。

（陈　文）

161. 清乾隆 天蓝釉海棠口观音尊

高61.5厘米
口径19.2厘米
底径19.5厘米

海棠口，束颈丰肩，肩下弧线内收，底微内凹，矮足。从口沿至底部有四道流畅弯曲凹下弧线，将观音尊分为四瓣形。胎坚致洁白，胎体厚重。通体施天蓝釉，釉层肥厚莹润，均匀靓丽。

此尊属大型器，制作规整，线条优美，蓝釉发色纯正淡雅，殊为难得。观音尊，又称"观音瓶"，亭亭玉立，雍容华贵，为居家摆设的陈列观赏佳器。

（周翠蓉）

162. 清嘉庆 茶叶末釉高足盘
高8.1厘米 口径16厘米 底径7.7厘米

圆唇、撇口、浅盘、高圈足，圈足上端有二道竹节状弦纹，足脊圆。胎较厚重、灰白坚致。施茶叶末釉，呈深绿色；口沿现酱色，足脊无釉，呈铁锈色。圈足内刻篆书"植本堂"款。清嘉庆时期景德镇瓷器上的堂室名款不多见，"植本堂"是嘉庆本朝为数不多见的堂名款之一。

茶叶末釉是古代铁结晶釉品种之一，属高温黄釉，经高温还原焰烧成。釉色黄、绿掺杂，绿者称茶，黄者称末，古朴浑厚，颇似茶叶细末，釉面呈失透状。嘉庆茶叶末釉继承乾隆朝特色，釉色偏绿的较多，俗称"蟹甲青"、"茶叶末"等。

（陈娟英）

163. 清道光 青花祥云八卦纹碗

高6.4厘米 口径13.8厘米 底径5.4厘米

敞口，深腹，圈足，平底。通体白釉，内口沿下方一圈青花锦地纹，内底青花双圈海水纹，外壁中间一圈青花圆圈八卦纹，在上部的八卦纹之间绘青花祥云飞鹤，腹下部绘青花海水浪花，并以八个剑头状柱分隔，八卦纹、祥云纹等纹饰具有道教的色彩。底落青花"大清道光年制"六字篆书官窑款。

（彭景元）

164. 清道光 粉彩蝠桃盘（一对）

高2.5厘米　口径13厘米　底径7.9厘米

圆唇、直口、浅腹、圈足。器型规整，胎质细白轻薄。盘施白釉，内壁绘粉彩折枝蟠桃和一只红彩蝙蝠，外壁绘饰四只红彩蝙蝠，喻之"五福"。盘底用红彩书"嶰竹主人造"篆体印章款。"嶰竹主人造"是道光年间的著名堂号款，产品多细腻洁净。

（许小茵）

165. 清道光 五彩花卉洞石盘

高4.1厘米 口径21.1厘米 底径13厘米

圆唇，直口，大圈足。胎细白厚重。盘内口沿及盘内底各有两道青花弦纹，盘底绘五彩山石花草，盘外绘三组五彩洞石花草，青花呈色艳蓝。底红彩楷书"退思堂制"四字款。

道光时期盛行"堂名款"，"退思堂"是睿亲王端恩的府邸堂号，此盘应是皇室王族定烧的瓷器。

（郑晓君）

166. 清道光 哥釉八方瓶

高32.8厘米 口径9.8厘米 底径13.4厘米

器作八边形,唇圆微外侈,长颈,丰肩,直腹下收,圈足。胎地坚实厚重,胎质细腻;造型规整,衔接线条圆润平直。整体施肥厚的青釉,釉质光润,釉色青中闪黄,釉面布满繁密、大小不一的纹片,具有宋代哥窑"金丝铁线"的效果。底落青花"大清道光年制"六字篆书官窑款。是道光时期仿哥釉的成功之作。

(彭景元)

167. 清咸丰 红彩龙纹杯（一对）

高4.5厘米 口径5.8厘米 底径2.6厘米

尖唇撇口、弧壁、深腹、圈足。胎体规整轻薄，白而细密，施白釉。外壁口沿和近圈足处绘青花双道弦纹。外壁绘红彩海水双龙纹，红彩深浅有度，图案细致，但略显刻板。足底白釉，书"大清咸丰年制"六字双行青花楷书官窑款。

（许小茴）

168. 清同治 青花缠枝莲纹碗

高5.6厘米 口径11.3厘米 底径4.1厘米

敞口，深腹，圈足，平底。通体施白釉，釉层较厚，釉质玻璃感较强，釉色微泛青。胎质细致白晰，
胎体规整。外壁饰青花缠枝莲纹，底青花 "大清同治年制" 六字楷书官窑款。

(彭景元)

（彭景元）

169. 清光绪 青花缠枝莲纹碗（一对）
　　高6.8厘米 口径16.5厘米 底径6.7厘米

敞口，深腹，圈足。胎体规整，胎质细密洁白，通体施微泛青白釉，釉层较厚，色调素雅。外壁口沿下饰两道青花弦纹，腹部饰青花缠枝纹，下腹部为青花变体莲瓣纹，圈足外壁有三道青花弦纹。底有青花 "大清光绪年制" 六字两行楷书官窑款。

（彭景元）

170. 清光绪 粉彩百蝶纹赏瓶

高39.4厘米 口径9.6厘米 底径13.2厘米

唇圆微外侈呈喇叭形，长颈，鼓腹，圈足，平底。胎质细密，釉层均匀，透明度好。在口沿下方、肩腹交接处、腹底交接处有三带状纹饰，口沿下方用金彩绘画连环如意头，腹部用上细下粗的金彩绘两道弦纹，其间为粉彩缠枝花卉，金彩"寿"字点缀其间，腹底部为粉彩开光几何形图案，底部接足处为一圈绿彩。颈部、腹部的主题纹饰为色彩与形态各异、展翅飞翔的百蝶图。赏瓶上使用的各种彩料均发色纯艳饱满，保存较好，没有磨损和脱落现象。底落 "大清光绪年制" 矾红官窑款。

（彭景元）

171. 清光绪 窑变祭红釉贯耳瓶

高29.3厘米 口径10×8.8厘米 底径11.8×8.8厘米

平唇，长方倒角口，溜肩，鼓腹下坠，长方形圈足，平底，肩部两侧各附贯耳。施白色底釉，外壁施窑变红釉，整体以大面积鲜红色为基调，间杂有窑变褐色。在口沿、棱线等处露出胎体的白色，釉面光亮；胎质细密，胎色灰白、体型规整。底露胎，刻"大清光绪年制"六字楷书官窑款。

（彭景元）

172. 清宣统 青花凤纹盘

　　高3.4厘米　口径16.5厘米　底径9.5厘米

尖唇敞口，浅腹，圈足。胎质细腻，白釉泛青，使用洋料（洋蓝）。盘心青花双圈内绘对称的双凤及祥云。盘外壁亦绘双凤，双凤间饰火焰状球珠。底青花楷书"大清宣统年制"官窑款。

清代宣统朝只有三年，留存在社会上的瓷器不多。该器青花呈色，尽显洋蓝特点，色泽甚为浓艳。

（郑晓君）

173. 民国 珐琅彩花卉水仙盆

高5.1厘米 口径23厘米 底径15.5厘米

口沿内敛，浅腹，平底微塌，圈足。胎质坚致厚重。内外壁施白釉，厚薄均匀。口沿部各有一圈回形纹和如意头，腹部一周花卉，均采用蓝料堆花手法。内底绘珐琅彩水草鱼乐图，画面栩栩如生，寓意"年年有余"。底有"乾隆年制"正楷方形料款，为民国时期仿乾隆珐琅彩瓷的优秀作品。

（郑晓君）

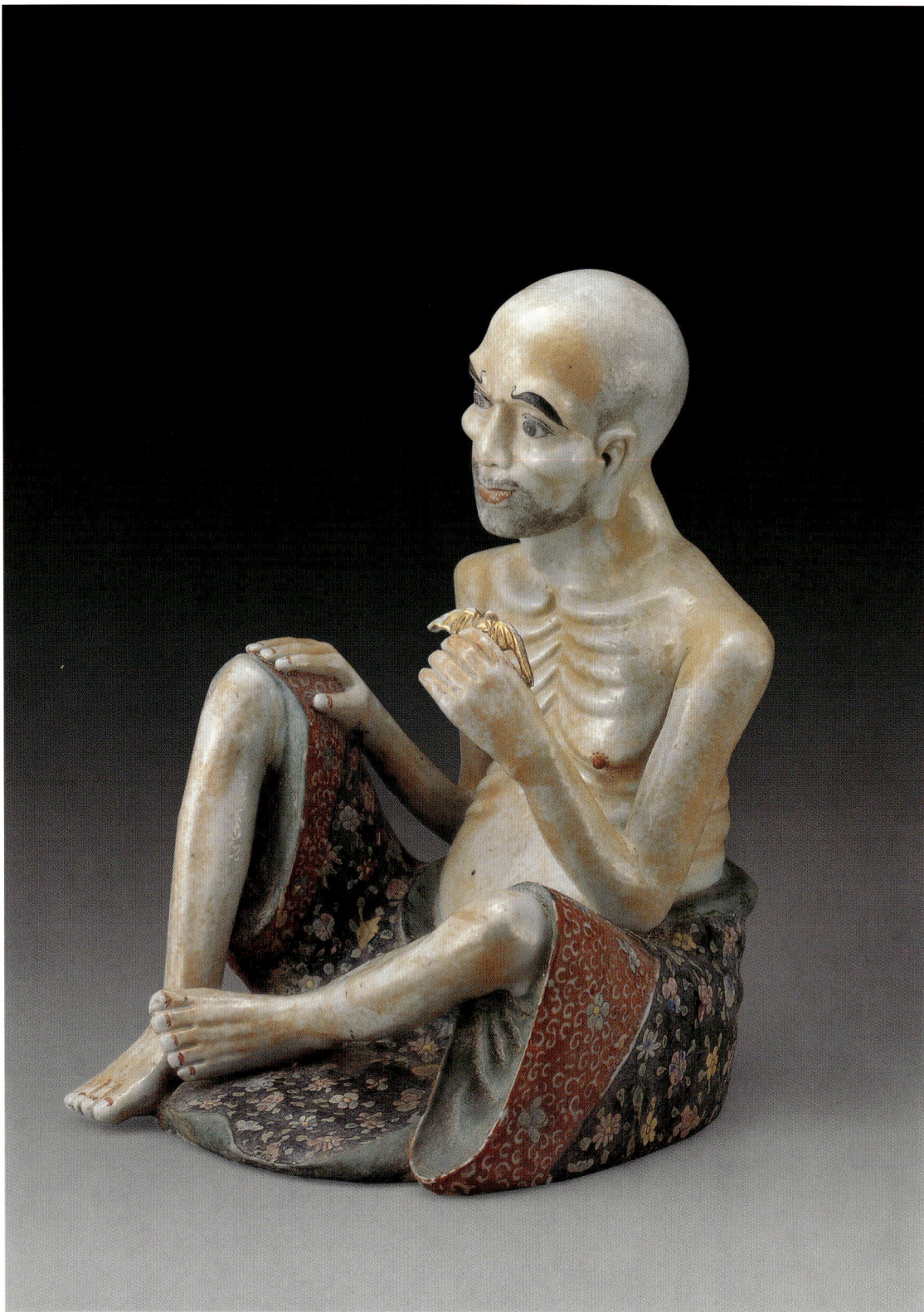

174. 民国 "福在眼前" 瘦骨罗汉塑像
高31.5厘米

坐姿、光头，眉、目与嘴用墨彩和朱彩描绘，脸部表情严肃，双目炯炯有神。上身赤裸，胸前肋骨凸出，右手置于右膝之上。左手持一金彩蝙蝠于面前，寓意福在眼前，取吉利之意。下身着黑地粉彩碎花纹花袍，席地而坐，花袍垂地，双腿赤裸、赤足。胎体粗重，胎色灰白，底部露胎。这是一件景德镇窑生产的精美雕塑作品。

（陈进东）

175. 民国 粉彩十八罗汉塑像

高11~13厘米

塑像共十八件。十八罗汉分别为降龙、坐鹿、举钵、过江、伏虎、静坐、长眉、布袋、看门、探手、沉思、骑象、欢喜、笑狮、开心、托塔、芭蕉、挖耳罗汉。该组塑像造型生动，刀工有力，线条精到，彩饰丰富。头部均施灰釉，左右耳均有一小孔，底部无釉，露胎，有一圆孔，中空。胎色灰白，胎体较轻，底素胎，均钤有"江伯祥造"四字楷书印，为民国名家精制。成套的粉彩十八罗汉塑像完好保存，尚属少见。

（陈进东）

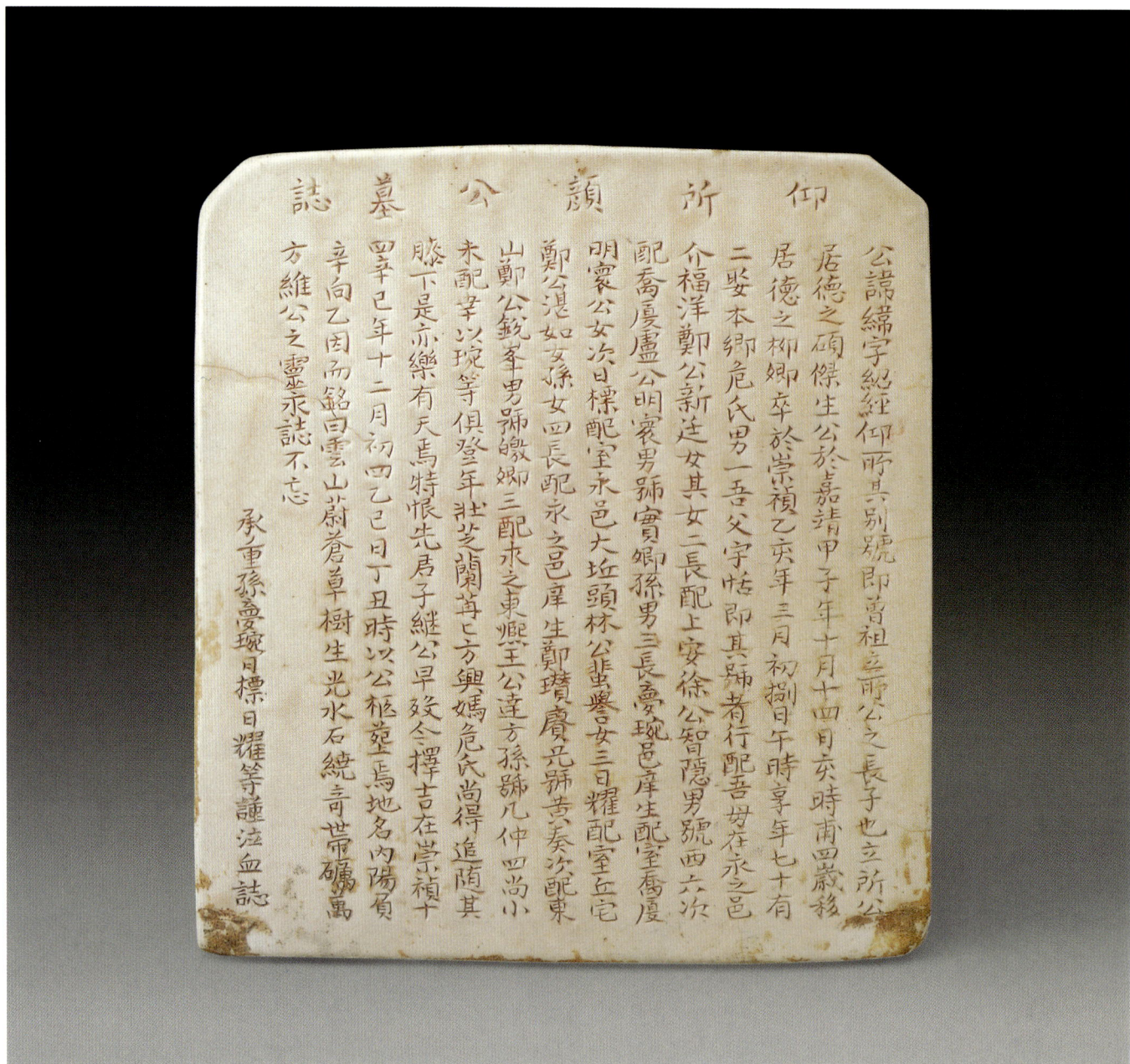

176. 明崇祯 德化窑白瓷墓志铭

　　长21厘米　宽20厘米　厚1.8厘米

方形，倭角，白胎，胎体坚实厚重。通体施釉，釉色润白肥厚。阴刻楷书，珠砂填字，铭文字迹工整，详细记载了死者的生平事迹及其家族谱系。

此墓志铭是一件难得的明崇祯纪年器物，对于研究德化窑的烧瓷历史和当地的民间葬俗具有重要的参考价值。

（蔡宇青）

177. 明 德化窑圆雕寿星坐像

高25厘米

瓷胎色白质细，胎厚体沉。施白釉，釉色白中闪黄，光润明亮。塑像中空，从底部可见明显手工捏塑痕迹。面目慈祥，五官、衣褶等均刻画得十分清晰。

瓷塑寿星坐在奇石之上，垂目含笑，凸额大耳，颌有须髯，面容清癯，神态安详；身着长袍，袒露胸肋，盘膝打坐石上，倚靠几边。其下洞石基座左侧为引颈白鹤，神鹿跪伏于右。塑像整体雕刻线条刚柔相济，老人的神情意态淋漓尽致，衣纹舒展，自然飘逸，是明代德化窑的瓷塑精品。

（陈娟英）

178. 明 德化窑白釉福德 正神坐像

高21.3厘米

坐像胎地坚致、厚重，釉色白中略泛灰黄。面目、衣褶、冠带等的刻画均十分精到，清晰明快。

"福德正神"，俗称土地公，是民间最普遍供奉的神祇之一。明代是德化陶瓷史上瓷塑艺术最为繁盛的时期，尤为盛行观音、达摩、文昌帝君、福德正神等宗教人物造像。

（郑晓君）

179. 清初 德化窑童子观 音坐像

高22.5厘米

观音发髻高卷，两目微闭，身披璎珞，左手托如意钩，右手残损，下身着裙，系腰带，端坐，一脚赤足外露。观音左侧奇石台座上置放净水钵，左前侧立一童子，双手托持长枝荷花，立于波涛之上，整个基座为波浪汹涌状。

该塑像造型优美，生动传神，既肃穆大方，又慈祥和蔼，雕工自然细腻，飘然若生。

（蔡宇青）

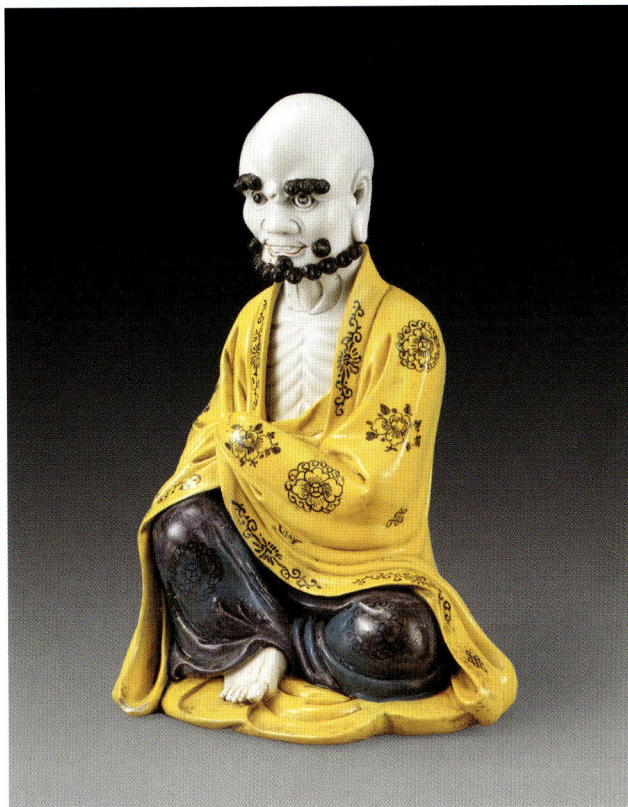

180. 清初 德化窑素三彩达摩坐像
高18厘米

达摩呈半跏趺坐姿，盘腿席坐。右腿曲膝于胸前，赤足裸露前伸，左腿盘曲于右腿下，左手裹袖横置于右膝上。人物头部光秃呈冬瓜状，颅顶及前额隆突，浓眉大眼，双目圆睁，嘴形呈张口话语状，两颗门牙暴显，嘴角两腮及下额缀饰卷曲短髭。身披黄色袈裟，下着靛蓝宽松长裤，颈项筋肌、喉结暴凸，前胸裸露嶙峋肋骨。黄、蓝衣裤上点缀着一朵朵黑色的折枝花、宝相团花，袈裟上还装饰有卷草纹花边。色彩艳丽的服饰与洁净厚润的白色肌肤形成强烈的色彩对比。

达摩又称普提达摩，南北朝时天竺（今印度南部）僧人，曾航海入华至广州授徒说法，后又北上嵩山少林寺，面壁静修，并坐化成佛。他提倡断绝一切想念，尽可能思以求悟得佛理，被奉为中国禅宗的始祖，有关其修行的故事常被作为艺术创作的题材。此尊塑像不落传统窠臼，独辟蹊径，人物雕塑精准提炼，面容清瘦矍铄，双目炯炯有神，不仅极尽技艺刻画出达摩传法布道时的神圣威严，而且服饰衣褶翻折自如，如行云流水，服装色彩大胆运用了黄、蓝、黑、白四种素色，简练大方，塑造出一位气度轩昂、仪表非凡的苦行僧形像，鬼斧神工的艺术魅力让人赞绝。

（张仲淳）

181. 清初 德化窑观音坐像

高32.5厘米

坐像中空，从底部可见模压痕迹。通体施白釉，泛青。观音左手持如意，身着广袖长衣，倚靠于小案几旁。头挽高髻，略作俯首，面容清秀，直鼻小口，双目微合，形貌慈祥端庄，左腿盘曲，右腿半曲直竖，赤裸右足由衣裙下摆显露，右手垂置于右膝上。衣纹刻画深入浅出，疏朗流畅。这种半跏趺的倚坐姿态，自然悠闲，袒露的前胸处又饰有璎珞及宝相花，更使人物在端庄净洁的基调中增添了几分灵巧华美之感。

（张仲淳）

182. 清中期 德化窑侧卧观音像

高13.5厘米

塑像为盛装之观音侧卧于一石榻之上，右手托头，左手扶膝，双眼微闭，赤脚，一副安闲悠然的神态。在足部一侧托几上摆放着一柄如意和一个佛手。胎地坚致细白，体施匀润白釉，洁白晶莹，白中微青。观音像构思巧妙，造型生动，雕工有力，线条流畅，是清代德化窑塑像中的精品。

（彭景元）

183. 清 德化窑文昌坐像

高30.5厘米

坐像头戴官帽，两脚带缚于颈后分置两肩，国字脸，大耳，上下唇留有须孔，备配真须；身着宽袖龙袍，左手执玉如意，右手自然下垂，两足蹬靴微露。背部刻写直行四字楷书"珍和今记"堂号款。

文昌是民间传说的掌文运之神。该塑像胎白坚致，釉微泛青，仪态文静，端庄慈祥。

（蔡宇青）

184. 民国 德化窑妈祖 坐像
高 33.2厘米

造型为妈祖端坐于凤銮椅上，双手执笏抱拳于胸前。面庞圆润，柳眉细眼，葱管鼻，樱桃嘴，表情和睦慈祥，头顶冕冠，前后垂有流苏，冠上加饰凤鸟，两鬓插凤钗，肩披卷丝纹珠边花式坎肩，身着广袖衣袍和裙裾，袍上堆饰腾龙、瑞兽纹及珠串等，足蹬绣靴微露于裙裾下。銮椅靠背与扶手均作凤头形。通体施白釉，光润明亮，白如凝脂。

妈祖，又称天妃、天后、天妃娘娘。相传妈祖原名林默娘，北宋年间福建莆田人，跳海营救海上遇难的父亲，后悲痛身亡，时人传为羽化升天，此后化身成为我国东南沿海、台湾及东南亚华人聚居地的航海保护神。妈祖的奉祀始于宋代，历代皇帝均为之敕封封号，宋代由"夫人"进爵为"妃"，元代封为"天妃"，清代再进爵为"天后"。明、清时期，德化窑一向以白釉瓷塑作品著称于世，尤其是与宗教信仰有关的神祇塑像最为出色，明代宋应星《天工开物》就有记载："德化窑，惟以烧造瓷仙人物玩器，不适实用。"此件妈祖像面部刻画细腻，洁净的面容呈现出庄重而温和的性格，衣裙纹理婉转流畅，表现出服装既贴身又富有质感，而静穆端庄的坐姿、含蓄的内在美感加上妈祖本身所赋予的至高封号不禁使人敬仰之情油然而生。

（谢惠雅）

185. 清乾隆 德化窑青花山水凤尾尊

高38.5厘米
口径22.5厘米
底径14厘米

圆唇，喇叭口，长颈，溜肩，鼓腹下收，平底。造型规整厚重，胎质细白坚致，施白釉微泛青，釉质匀润，足及内壁大部分露胎。青花色泽浓重，聚釉处可见铁锈斑，近口沿处青花弦纹一圈，颈部饰青花山水，肩部莲花旋涡纹、小圆圈纹各一圈，腹部饰松、竹、梅图案及青花变体如意框，框内青花行书："乾隆戊子年朔日锦美宫许下张公圣君花瓶全座弟子徐天隐叩谢"，是一件难得的纪年标准器。

乾隆朝是清代最鼎盛的时期，也是德化青花的鼎盛期。该器青花着色沉着，花纹画法仿效康熙青花，层次清晰，立体感强，图案装饰较多，题材来源于生活，构图饱满，画风朴实，图案生动。

（蔡宇青）

186. 清乾隆 德化窑青花龙纹寿字 三足炉

高12.4厘米 口径31.4厘米

方唇、束颈、鼓腹、兽足、底外凸，内外底露胎，有明显火石红斑。器内壁修胎留下的旋痕明显，缩釉严重。胎白坚细，施白釉，釉色滋润微泛青，釉面均匀。颈部饰青花连体莲瓣纹，腹部青花云龙纹、团寿纹；口沿一圈青花楷书："乾隆甲子年就在北斗宫林公尊王许下大炉一座祈求合家平安信士林克兴叩谢"，是一件难得的纪年标准器。

该炉器型规整，稳重敦厚；纹饰精细，布局疏朗有致；腾龙瘦削轻盈，益显矫健与活泼。

（蔡宇青）

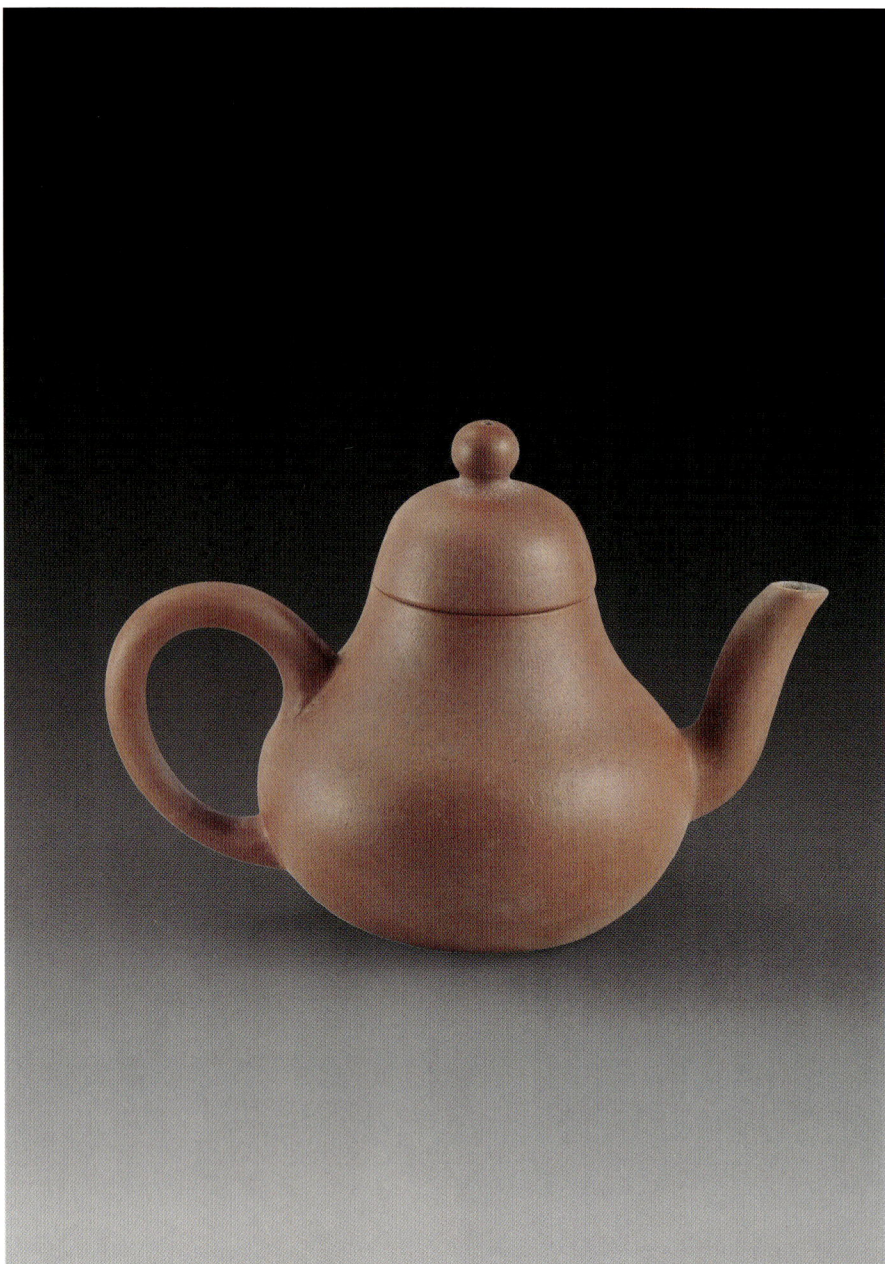

187. 清 "思亭"款紫砂梨形壶

通高6.8厘米　口径3.1厘米　底径3厘米

梨式壶身, 小巧玲珑。平沿, 环把, 小流前倾, 流口上翘, 略低于壶口, 鼓腹、平底微凹, 盖作珠钮。全器光素无华, 口盖密合, 浑然一体。胎泥精细, 呈深猪肝红色, 表面泛现包浆的自然光润, 颇有 "精光内蕴" 风韵。把下刻写 "思亭" 行书款。

紫砂壶与闽南茶文化结下了不解之缘, 尤其是 "思亭" 壶符合功夫茶壶 "宜小不宜大" 的理念, 成为闽南茶道的主导壶式。此件紫砂壶1986年出土于厦门市思明区厦门卫生学校工地清代墓葬, 同墓出土的随葬品还有带 "大清嘉庆年制" 民窑款识的青花盖碗、青花杯、盏托和 "嘉庆通宝" 铜钱等。此壶有明确的时代和出土地点, 弥足珍贵。

（张仲淳）

绘画
书法
陶瓷
玉器
杂项

188. 清乾隆 青白玉浮雕松树人物山子

　　高20厘米 宽27厘米 厚5.2厘米

立体山形，双面浮雕。正面群山峻岭之中构筑高台、楼阁，其上深雕仕女及高士。仙人骑鹤自云中透迤而趋，松间流水潺潺，山石表面琢以长线条的棱边，似绘画中的披麻皴。背面浮雕有松、鹤、鹿、灵芝等，寓意鹤鹿同春、福寿延年。玉山子是一种圆雕景观，创作前一般先绘出平面图，再行雕琢，因而常以图命名。此件玉山子为青白玉，黄褐俏色，惜夹雪花及绺痕。山子在设计上集山林、泉瀑、建筑、人物为一体，追求一种绘画意境和笔墨情趣，宛然一幅人间胜境图。

（林元平）

189. 清乾隆 青白玉浮雕楼台山水图山子

　　高16.5厘米 宽26.5厘米 厚5.7厘米

青白玉质，夹雪花，多有黄褐等俏色及绺痕，自然随形。一面琢群山环峙，间有小田园，楼阁错落，瀑布高挂，流水有声，松柏挺立，似神仙居所。上方阴刻填红诗文一首。另一面琢溪水屠屠，穿桥而过，岸边垂柳荫荫。此器受清代院体画的影响，画面琢磨细腻，注重层次，采用深雕、浅雕、斜磨、下挖等多种碾琢技巧，再现了楼台亭院及山水的气势神韵，堪称为清代玉雕山子的精品。

（郑晓君）

190. 清乾隆 青白玉浮雕老子出关山子

高11.9厘米 宽19厘米 厚5.3厘米

立体山形，双面浮雕。正面高浮雕老子骑牛，书童傍牛而行；松下一吏作拱手恭迎状；松间岩壁中雕一巍峨城门。背面浮雕苍松劲挺，泉瀑飞泻，雌雄二鹿嬉戏其间。老子因见周朝衰落，就骑牛出关离去，在函谷关应关令尹喜的请求，著书五千余言，言道德之意，这就是后世流传，与日月争辉，千古永存的《道德经》。此件山子，青白玉玉质温润，雕工精湛，工料俱佳，以老子出关的典故为题材，寓意伟人出行，天地为之动容，经典学说即将横空面世。

（林元平）

191. 清乾隆 青白玉透雕长眉罗汉山子

高15.8厘米 宽18.7厘米 厚6.4厘米

山子正面为高透雕松石下一盘腿抱膝而坐的罗汉，罗汉的两道寿眉长垂及肩，作开口哈欠状。边上立体圆雕一塔，石上阴刻佛本生故事诗文一首。另一面浮雕阶梯山石及二桂树。长眉罗汉居十八罗汉中的第十五位，真名阿氏多，得佛陀度化后，在佛陀的身边，勤修苦学，不久就修成了阿罗汉果，称长眉罗汉，也被称为长眉大仙。阿氏多是梵文无比端正的音译，寓意除妖降魔，驱邪镇恶。此件山子为青白玉，玉质温润，采用高浮雕和透雕工艺琢磨而成，造型大方，罗汉神态自然，衣褶飘逸，工料俱佳，是清中期玉山子中的佳品。

（林元平）

192. 清乾隆 青白玉透雕松鹤山子

高18厘米 宽13.5厘米 厚4.6厘米

立体山形,双面浮雕。正面高浮雕高山、峻岭、劲松、孤亭;盘山小道上一寿星驻足回身招呼牵鹿童子跟上,鹿似因山道险峻而裹足不前,童子正转身吃力地牵引。背面浮雕一鹤傲立劲松之下,一鹤盘旋云间,悬崖峭壁,沟壑纵横间激流飞湍。此件玉山子体积较大,青白玉玉质纯洁,上雕山石、松树、祥鹿、仙鹤和寿星,寓意福寿延年,松鹤长春。山石边沿、人物衣褶、树木轮廓均雕琢细腻,景物远近有致,雕工精美绝伦。

(林元平)

193. 清乾隆　青玉浅浮雕花鸟双螭耳扁盖瓶

高22.9厘米　口径6.1厘米　底径6.2厘米

该瓶为青玉材料，玉色纯正，玉质莹润，表面光亮，局部有黄褐俏色，胎薄体轻。瓶体扁而高，带盖，盖部有绺痕，盖钮为镂雕球形，瓶口呈椭圆形，子母口，盖与瓶口可插接，咬合紧密。瓶直口，颈略收，溜肩，腹部扁圆形，椭圆形圈足。颈部双侧凸雕一对螭龙变形耳，腹部一面浅浮雕梅花、山石和七只或飞行或立于枝头上的喜鹊，另一面为五只处于飞行状的喜鹊，意寓"鹊上枝头，喜上眉梢"的吉祥喜庆之意。

此件作品采取平面浅浮雕的工艺技法，设计巧妙，纹饰繁密，虽所琢树木花鸟纹稍有生硬感，不如清前期的圆润细腻、富有立体感，但其加工线条利落流畅，工艺十分娴熟；其造型美观，比例适中，均衡稳定，属乾隆玉器佳品。这类玉器常作为观赏器陈设于书房中，读书小憩时可赏心悦目。

（苏维真）

194. 清乾隆 白玉御题薄意山水带盖贯耳扁瓶

　　通高20厘米　口宽6.1厘米　底宽7.1厘米

白玉质,下部有一角褐色俏色。瓶身扁,带盖。直口、直颈、斜肩、扁圆腹、圈足。盖与瓶身作子母口套合,颈部附双贯耳,贯耳以青铜器上常见的云雷纹为地,其上浅浮雕变体夔龙纹。口沿、颈、底饰回纹及绳纹,诗、图之间均以一圈变形回纹隔开。腹部两面各作圆形开光,薄意精工浅雕主题山水人物图案,远山近水、荷田柳岸、回廊绕转、连接起座座楼台亭阁,或见游客泛舟湖面,或见游客漫步庭园之间,一幅意境幽雅、闲情融融之景象。从画面题刻可知,一面为西湖十景之"曲院风荷", 莲荷田田,菡萏妖娆;另一面为西湖十景之"柳岸闻莺",柳色葱茏,莺声婉转。颈部两面均以景配诗,各有阴刻隶体诗文一首,刀工圆转流畅,字间填描丹红,因时间久远,多已脱落。《曲院风荷》图配诗

为："几个田田漾细风，乍看绿叶想花红。昆明湖上浮轻舫，六月风光讶许同。"《柳岸闻莺》图配诗为："尽有宫商石与金，栗留谁似独情深。戴家只在润州表，可识清波门外林。"这是乾隆皇帝恭录前人古诗的御题。

清代乾隆朝，是中国玉文化的又一个高峰期。玉器数量之多，造型之美，雕工之细，质量之精，用途之广均为历代所无法媲美。清代玉工善于借鉴绘画、雕刻、工艺美术的成就，集阴线、阳线、平凸、隐起、镂空、俏色等多种传统做工及历代的艺术风格之大成，又吸收了外来艺术影响并加以糅合变通，创造与发展了工艺性、装饰性极强的玉器工艺。

该玉瓶为清宫旧藏、琢工精巧细腻，轮廓线条极为规则，横平竖直外缘及子口转折严紧密合。在抛光工艺上也极为讲究，看不见琢旋的痕迹，达到几近玻璃的光亮度。此玉瓶构图及表现的对象均符合中国画要旨，系根据画稿雕刻而成，有着鲜明的时代特点和极高的艺术水平。

（郑晓君）

195. 清乾隆 白玉透雕花草瓶

高20厘米 口径5.8厘米×4.9厘米 底径11.4厘米×5.9厘米

白玉，玉质细腻温润。器略呈扁方形，子母口，斜折肩，下腹斜内收。颈部有透雕变体螭身状双耳，耳中各套一环；腹部透雕梅、兰、菊，瓶下部与山石连成一体，构成器底及座；器底也刻成山石自然崩裂状。整个器物与梅、兰、菊、山体构成的山水画有机地连成一体，构思巧妙，梅、兰、菊、山体形象逼真，雕刻手法高超，有很高的艺术价值，是清代玉雕中的珍品，可惜盖已缺失。由于该器为容器而用山水植物风景装饰，可见中国山水画对清代玉器制作产生了深远影响。

（陈 文）

196. 清中期 青白玉透雕花果扁方盖瓶

通高25.6厘米 口径6.8厘米×4厘米 底径11厘米×6.5厘米

瓶体呈扁方形，带盖，盖上透雕桃雀；盖与瓶身为子母口套合，直口，颈略收，折肩，斜直腹，圈足，颈附一对透雕象首衔环耳，瓶身下部及底附有高透雕的花果、鸟雀，形成主体纹饰及器座。此瓶为青白玉山料雕琢，带有绺裂，用料厚重，设计新颖，胎体均匀，厚度适宜，琢磨精细，器表留有空地，地子光而平滑，光泽较强，为清中期玉雕作品中的精彩之作。

（林元平）

197. 清初 白玉芭蕉仕女摆件

高21厘米 宽8.2厘米
厚5.1厘米

白玉,玉质细腻莹润。摆件正面为站在基座上的古代仕女,其后为巨大的芭蕉树和假山,旁边有一凤凰。此器表现的是在有假山、芭蕉树的庭院内,一仕女身着盛装,双手持箫,头偏于一侧,似乎在倾听自己的箫音,引来的凤凰正舞动身姿引颈和鸣。凤凰为传说中的祥瑞之鸟,雄性为凤、雌性称凰。该摆件可以说是古书记载中的"箫韶九成,凤凰来仪"的生动描述。作品构图严谨,主题突出,意境深远,而且圆雕技术精湛。这是吸收中国传统书画元素而创作出来的清代玉雕珍品。

(陈 文)

198. 清乾隆 青玉匜形杯

　　高5.5厘米　口径9.9厘米　底径5.7厘米

青玉，玉质莹润，稍夹杂质。口近船形，变体螭龙状单方錾，带流，矮圈足。口沿部外侧阴刻变体雷纹，腹两面各饰一条浅浮雕螭虎纹，錾耳阴刻云纹。这是清代仿商周时期青铜匜而制作的玉杯。

（陈　文）

199. 清乾隆 青白玉透雕双螭四系椭圆水盂

高4.5厘米 口径5.2厘米×3.5厘米 底径6.7厘米×5.5厘米

水盂呈扁椭圆形，下有四板形矮足支承，小口、宽肩，肩部四个环形钮，腹部对称高浮雕螭龙一对。螭，又称螭龙，是传说中龙的一种。清乾隆皇帝对螭龙情有独钟，曾将螭译为"喜"。因此，在宫廷的许多器物上，采用螭作为装饰图案。受此影响，螭纹大行其道。水盂是文房用具之一，此件青白玉水盂虽然玉质夹有雪花、小绺痕，但质地较纯净，整器小巧玲珑，雕工细腻、圆润，是清中期难得的玉雕珍品。

（林元平）

200. 清乾隆 白玉透雕双螭海棠式杯

通高14.6厘米 口长16厘米 底长7.2厘米

杯体近菱形，四出海棠口，器身以凹纹分成四部分，弧腹下部内收，圈足。杯沿上圆雕一螭虎，杯侧浮雕一螭虎。白玉质，夹杂雪花状棉絮，有绺痕及墨、黄俏色。螭虎身形如虎，为螭与虎的复合体，秦汉时期最流行。螭为阴代表地，虎为阳代表天，螭虎神兽，意指天地合,阴阳接，也用来比喻勇猛的将士，如"翠华拥英岳，螭虎啖豺狼"。

（林元平）

201. 清中期 青玉透雕双蝠摆件

　　长11厘米 宽8厘米 最厚处3厘米

随形圆雕。圆雕母子蝙蝠两只，母蝠右附一小蝙蝠，寓意福上加福。母蝠麟角、凤尾、鹰爪、体饰阴刻
回纹等。蝙蝠本来是一种似鸟非鸟的哺乳动物，样子不讨人喜欢。孟浩然曾说："虫之属最可厌莫如蝙
蝠，而今织绣、图画皆用之，以福同音也。" 由此衍生出祈福的若干装饰图案，如：五只蝙蝠意为"五
福临门"，蝙蝠旁边画一串钱喻"福到眼前"，蝙蝠和云纹相配为"天降鸿福"等。此件青玉双蝠摆件
造型奇特，大小适中，佐以吉祥寓意，为文人士大夫可心之案头把玩玉件。

（林元平）

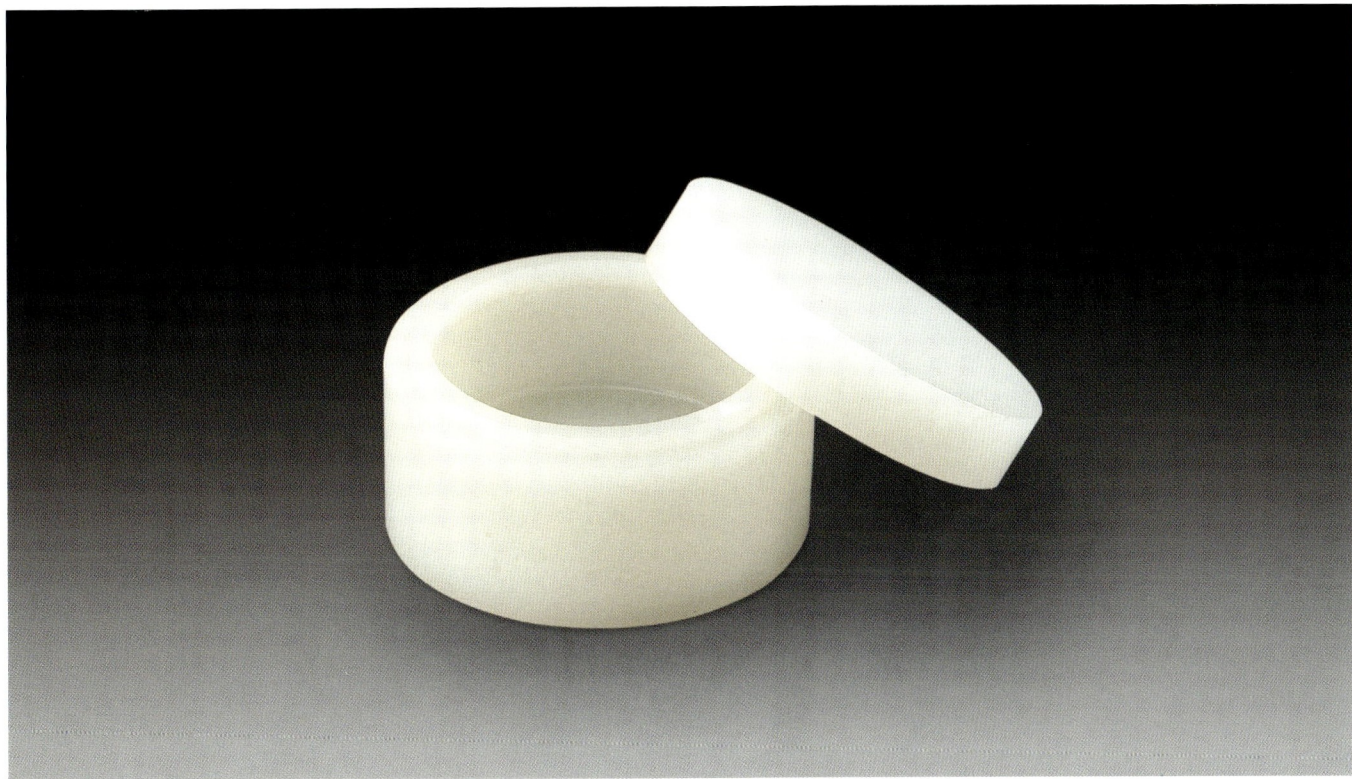

202. 清乾隆 白玉粉盒

高3.3厘米 直径5.5厘米

青白玉，细腻温润。盒呈圆饼状，带盖，子母口，底微内凹成圈足状，上下盖合紧密，开启自如。通体素面无纹，琢磨晶莹透亮，十分惹人喜爱。这是清代盛装胭脂类化妆品的玉粉盒。

（陈　文）

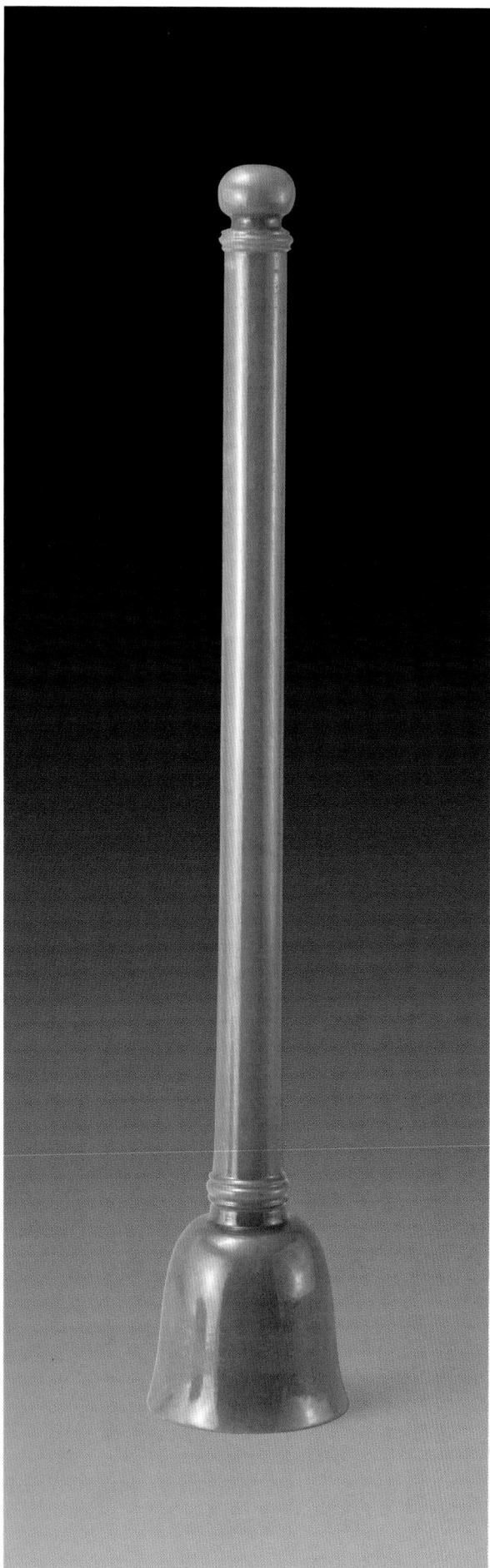

203. 清乾隆 青玉笔杆

　　长25.3厘米 杆径1.4厘米 最大径4.4厘米

　　青玉，玉质莹润、坚硬。笔杆活像一枝花蕾，顶端呈圆球形，中间为圆柱状，长柄下端被做成花瓣状，中有圆洞，用以套装笔毛。做工精细，通体磨光透亮。这是实用性和美观性融于一体的清代玉器。

（陈　文）

204. 明 白玉双龙带钩

长13.7厘米 宽2.9厘米 厚3厘米

白玉，夹雪花点。钩头做成龙首状，钩背上另外透雕出欲飞的螭龙，形成双龙对语的情景，钩柄向上弯曲，带钩下部内侧连接处有璧状凸起。整个带钩造型精巧、形象生动，雕刻线条流畅而富于变化，透雕技术高超，是清代玉器中的珍品。带钩的装饰图案寓意"飞龙在天，官运亨通"。龙是我国古代传说中的神灵动物，有角有须、有麟有爪，能腾云播雨。长期以来被视为封建皇帝的化身。螭龙是龙中的一种，商周青铜器中常用龙来装饰。

（陈 文）

205. 清乾隆 青白玉如意

　　长46厘米 14.5厘米 厚8.8厘米

如意以整玉琢成。上端状如菩提树叶，浮雕石榴树，树上果实累累；中为双鹤和鸣；尾雕松鹿。"如意"是供玩赏的吉祥器物，始于魏晋，盛于明清。最早的如意，柄端作手指之形，以示手所不能至，搔之可如意。明、清两代，如意的头部呈弯曲回头之状，被人赋予了"回头即如意"的吉祥寓意。康熙年间，如意成为皇宫里皇上、后妃的玩物，宝座旁、寝殿中均摆有如意，以示吉祥、顺心。清代的皇帝、皇后用如意作为赏赐王公大臣之物；民国时期，如意成为贵重礼品，富有之家相互馈赠，祝愿称心如意。此件如意为整体青白玉雕琢，将寓意吉祥的器物造型配以吉祥图案，两者相得益彰，体现出图必有意、意必吉祥的美好象征。

（林元平）

绘画
书法
陶瓷
玉器
杂项

206. 商周 石锛（一套）

最小一件：长16.8厘米 宽6~6.8厘米 厚1.4~2厘米
最大一件：长32.5厘米 宽10.8~12厘米 厚1.8~2.4厘米

这是大小依次成序列的一组石锛。青灰岩，质稍软，扁平略近长方体，有的作弓背状，侧棱明显，通体磨光，规整美观，大多凹弧刃，其中4件刃面内凹尤其明显，也有个别平刃；一些器身侧缘或刃部有崩疤；1件残断。

这是商周时期我国粤东闽南地区富有特色的青铜文化——浮滨文化的遗物。该文化主要使用戈、矛、凹弧刃石锛等石器，尊、釜、罐、杯等陶器和戈、矛等青铜器。这套十二件石锛于1985年在福建南安县水头乡红福村赤坑石窟山出土，大小成套，十分罕见，或为生产工具，或为礼仪用器，尚待考证。根据以往的考古发现，可以认定它们为同一座大型浮滨文化墓葬中的随葬品。

（陈　文）

207. 清 乐律石刻井圈

外径57厘米 内径30.2厘米 高25厘米

青灰岩，十二面扁柱状，中间有内径30.2厘米的十二边形井口，井面及井圈外壁均打磨光滑，内壁通壁有明显琢痕，井口外沿有高0.2、宽2厘米的一圈挡水凸起，以防打出的井水内流入井，以保证井水的卫生。井圈底面有四个方形的凹洞（似乎用来与井体或其他石构件相扣合），洞长3、宽2.4、深1.5厘米。

该井圈很有特色的是井圈面上阴刻十天干：甲、乙、丙、丁、戊、己、庚、辛、壬、癸，其中在两个天干之间阴刻小字：宫、商、角、羽、征；井圈外壁上刻篆书的十二地支：子、丑、寅、卯、辰、巳、午、未、申、酉、戌、亥和与之相配对的用行书阴刻的十二律：黄钟、大吕、太簇、夹钟、姑洗、仲吕（即中吕）、蕤宾、林钟、夷则、南吕、无射、应钟。宋仁宗《景佑乐髓新经》曾解释说："黄钟之宫为子……为正宫调；太簇商为寅……为大石调；姑洗角为辰……；林钟征为未……为黄钟征；南吕羽为酉……应钟变宫为亥……蕤宾变征为午。" 井圈上的十二地支、十二律相对应，与这种解释完全相同。

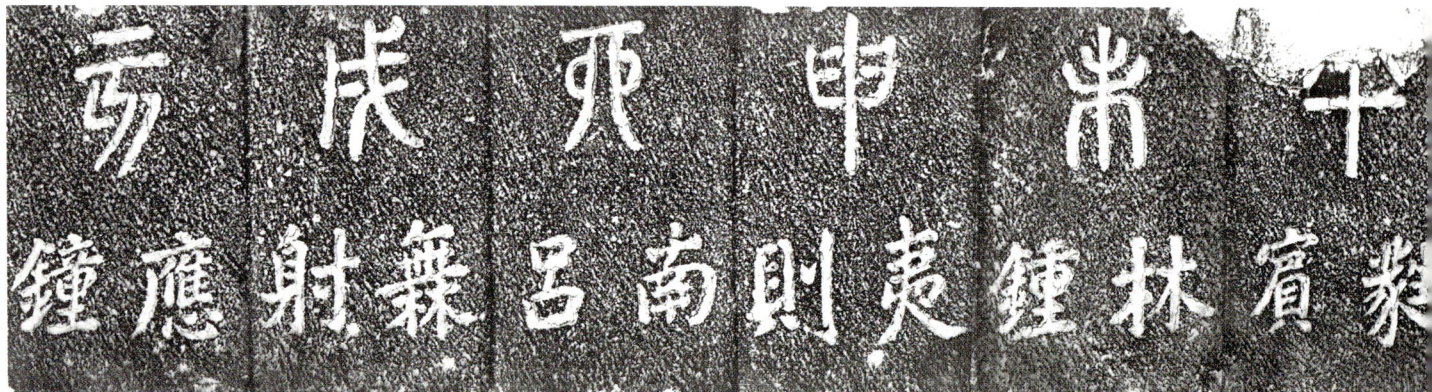

天干地支起源甚早，常用于纪年，也用于纪日，传说黄帝时代就有，陕西眉县出土的西周青铜器上刻有完整的天干地支记录。此外，古人又常把十二地支与十二个月、十二辰相对应。

五音：宫、商、角、征、羽，又称五声，相当于现代音乐简谱上的do、re、mi、sol、la，即五声音阶上的五个音级。

十二律是将一个八度平分为十二个半音，至迟产生于春秋时期。"律"原指用来定音的竹管，十二律即十二个长短不同的律管吹奏出十二个高度不一的标准音，以定乐音的高低，相当于现代音乐的C、#C、D、#D、E、F、#F、G、#G、A、#A、B等十二个固定音，其中奇数的六个为阳律，称六律，偶数的六个为阴律，称六吕，全称为律吕。

该井圈出于厦门市周宝巷42号周墨史宅的院内。井圈表面以及镌刻的许多文字都已严重磨蚀，显得十分老旧，因缺少参照物，我们初断其年代至少在清代，甚至更早。把天干、五音、地支、十二律配对刻在井圈上，对研究古代音乐文化具有十分重要的意义。

（陈　文）

208. 民国 象牙透雕仕女
弹唱摆件
高18.5厘米
底面10.5厘米×5厘米

象牙材质，色淡黄，温润，质
地细密，光泽度好，硬度高。
前排两仕女坐着，一仕女握
笙，另一仕女击鼓，后排两仕
女站立，一仕女手持唢呐，另
一仕女托琵琶，身后有龙头挂
架垂吊一椭圆形灯笼。底款阴
刻"乾隆年制"篆书四字。四
仕女吹拉弹唱形神俱佳，整
体布局合理，人物服饰线条流
畅，深雕细刻，工艺精湛，惟
妙惟肖。

（邱承忠）

209. 民国 黛玉葬花象牙雕像

高20.2厘米

圆雕象牙立像。取象牙尾端实心材料，精心雕凿出黛玉云鬟高盘，面带愁容，荷锄挂篓，手执残枝，一副弱不禁风，款款而行状。"黛玉葬花"取材于《红楼梦》，表现了黛玉的性格及境遇。"花谢花飞花满天，红消香断有谁怜？侬今葬花人笑痴，他年葬侬知是谁？一朝春尽红颜老，花落人亡两不知。"正是她对自己身世前程的一种哀伤凄恻的独白。

（林元平）

210. 清中期 黄花梨"一品当朝"螺钿漆盒

　　长34.9厘米 宽17.2厘米 高7.6厘米

木质。盒盖上有螺钿镶嵌出相套的两个长方形方框,方框四角均用花卉状变体如意纹装饰,内框中镶嵌出"一品当朝"四个行书大字,外框的左右两侧镶嵌缠枝花纹,上下两端则镶嵌折枝花纹。构图和谐美观、层次分明,体现出清代民间高超的家俱螺钿镶嵌技术。这是典型的螺钿漆器,主要是用蚌壳、螺壳等介壳镶嵌在木器和漆器上的文字或花纹图案等,通过打磨,并对其他部位进行髹饰,使之成为高档漆木家具。螺钿漆器常为富贵人家所用。

（陈　文）

211. 清中期 黄杨木雕八仙
高4.5厘米 宽2~2.5厘米

该组黄杨木雕，器型小巧，分别雕以汉钟离、蓝采和、曹国舅、吕洞宾、张果老、韩湘子、李铁拐、何仙姑八仙人物，充分利用黄杨木质地坚韧、纹理细腻、硬度适中的优点，运用圆雕的技法，刀工圆转流畅，衣饰轻盈飘逸，准确地把握了人物神态，有的抚臂陶醉，有的俯首沉思，有的举目远望……其眼神、手势、胡须、服饰、手执法器等无不巧夺天工，细腻传神。

黄杨木生长非常缓慢，一般要40～50年才能长到3～5米高，直径也不足10厘米。因其难长，故无大料，所以适宜于雕刻小型人物，供案头欣赏把玩。黄杨木质光洁、纹理细腻，老黄杨木雕件色呈黄褐，表面会形成一层温润如玉的包浆光泽，给人以古朴典雅的美感。

（尤丽雪）

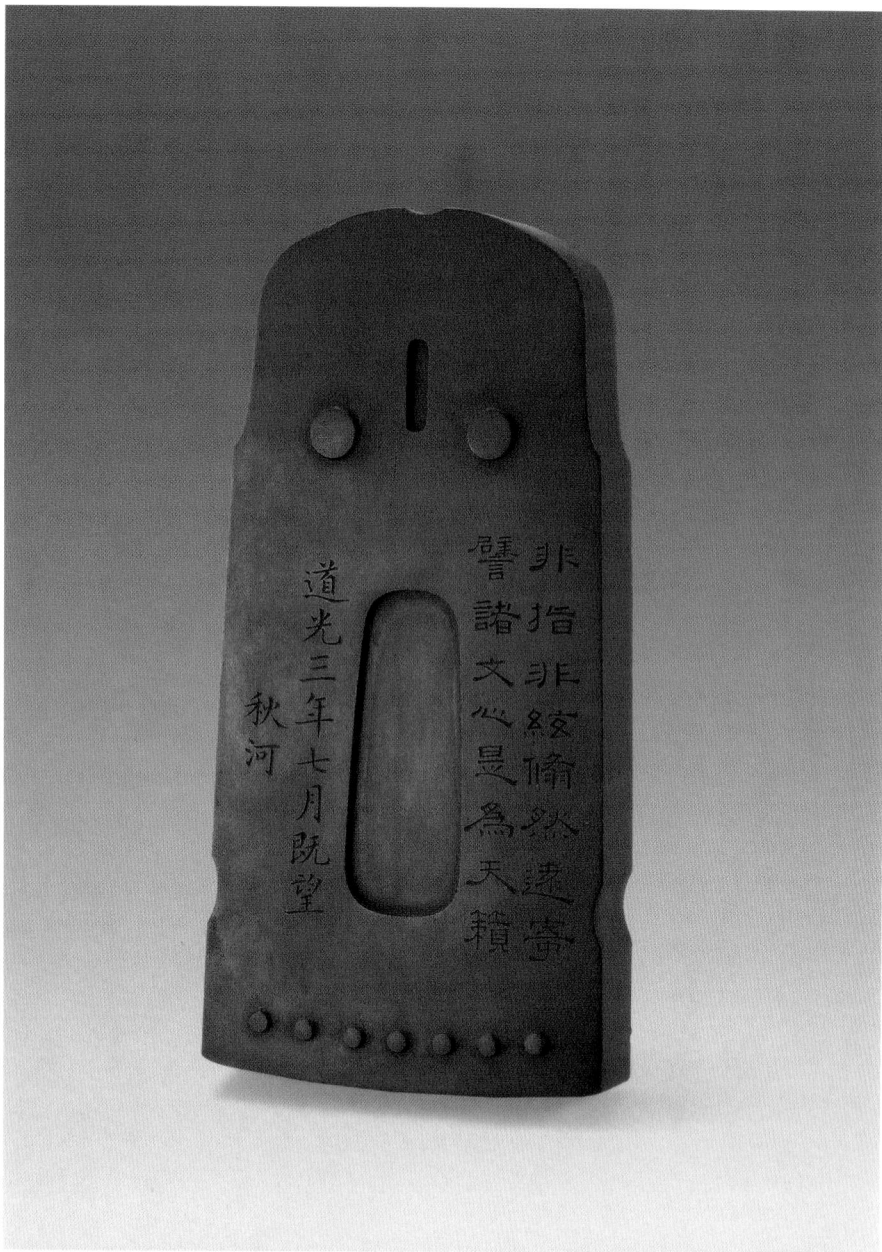

212. 清道光 风形端砚

高2.2厘米 长18厘米 宽9~10厘米

端砚，石质红褐色，质地坚实细腻。平面似"风"字形，砚面略近椭圆形，小的一端有半月状墨槽。通体磨光，制作规整，是一块难得的好砚。背面题款为："非指非弦修然远寄 譬诸文心是为天籁 道光三年七月既望 秋河"。木匣后配。

端砚产自广东肇庆，始于唐代，盛于宋，历史悠久。肇庆在宋朝以前称为端州，端砚因此而得名。它以其石质优良、细腻滋润和涩不留笔、滑不拒墨的优点，被推为"群砚之首"并享誉至今。

（尤丽雪）

213. 辽 錾花双龙纹金壶

通高20厘米
口径4.5厘米
底径5.2厘米

金质。圆唇，盘口，长颈，溜肩，下腹斜内收，圈足外撇，双龙錾耳。颈部有十三道凸弦纹，双耳及器腹均錾刻花纹。从肩到下腹依次錾刻雷纹、羽状纹、双龙戏珠图案、莲瓣纹，其中主题纹饰是双龙戏珠。珠为阴阳太极图案，外为太阳光芒，这种珠是传说中的宝物。双龙戏珠寓意吉庆呈祥。该壶造型灵巧，纹饰精美，通体金黄，是不可多得的古代艺术珍品。

（陈 文）

214. 民国 青铜双狮斗象摆件
　　高28.5厘米　长36厘米　厚18.4厘米

大象长鼻上卷，侧卧在地喘气，一狮前足扑在象背上作厮杀咆哮状，另一狮被大象踩在脚下龇牙裂嘴拼命挣扎。双狮眼嵌玻璃料珠，幽幽的眼光，更显示出狮子的凶狠与霸气。双狮斗象铜雕，造型生动，形象逼真，细部刻画入微，栩栩如生，是一件精美的近代铜雕动物作品。

（邱承忠）

全立洗找契尾人黄士哲 士敏 士晶 有承祖園地大小式坵相連受種子叁斗捌升坐落烏林面前土名舖坪六井仔裡

其東西南北四至登載在前賣契并清單內明白為界于康熙伍拾柒年及雍正六年父在日已經盡賣與

陳宅出銀錢貳拾陸兩正其銀隨汶明白將園地付其造作風水外其餘之地仍聽召佃管耕收稅撥米入戶承

為已業理無添找茲因士哲欲往臺灣生理乏銀船稅再托中向陳宅洗出契尾銀肆兩叁錢正其銀即

日全中收訖日後子孫亦不敢生端言及再洗等情恐口無憑全立洗找契尾壹紙付執為炤

即日全中收過契內銀完足再炤

雍正拾叁年閏四月

為中人呂簡正

日全立洗找契尾人黄士哲
士敏遷
士晶

215. 清雍正 黄士哲等立洗找契尾

长48.5厘米 宽24.4厘米

白色毛边纸，墨书。清雍正十三年（1735）黄士哲等立洗找契尾，契内提到"兹因士哲欲往台湾生理，乏银船税"，直接写明契约人去台湾生活的契约，是当时大量福建人东渡台湾开发、生活的一个缩影，至今保存下来的契约实物很少，十分珍贵。

（周素惠）

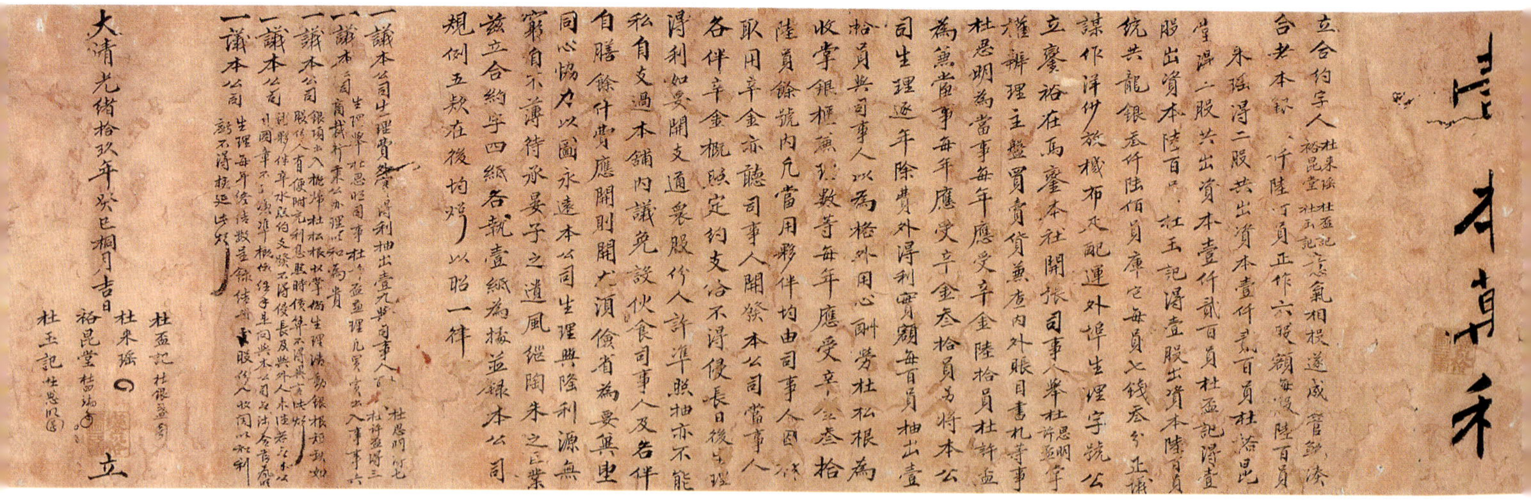

216. 清光绪 杜四端等立合办纱厂契

长92厘米 宽25厘米

红色毛边纸，墨书。清光绪十九年（1893）厦门杏林马銮人杜四端在香港经营发迹后，回乡召集本村杜来瑶、杜丕记和杜玉记，集资创办"銮裕纱厂"织造纱布，销往海内外市场，十数年间，销量剧增。从现有资料来看，这个合资创办的銮裕纱厂，是厦门历史上最早的一家中外合资的纺织厂，留存下来的这份珍贵契约是研究厦门工业发展史的重要资料。

（周素惠）

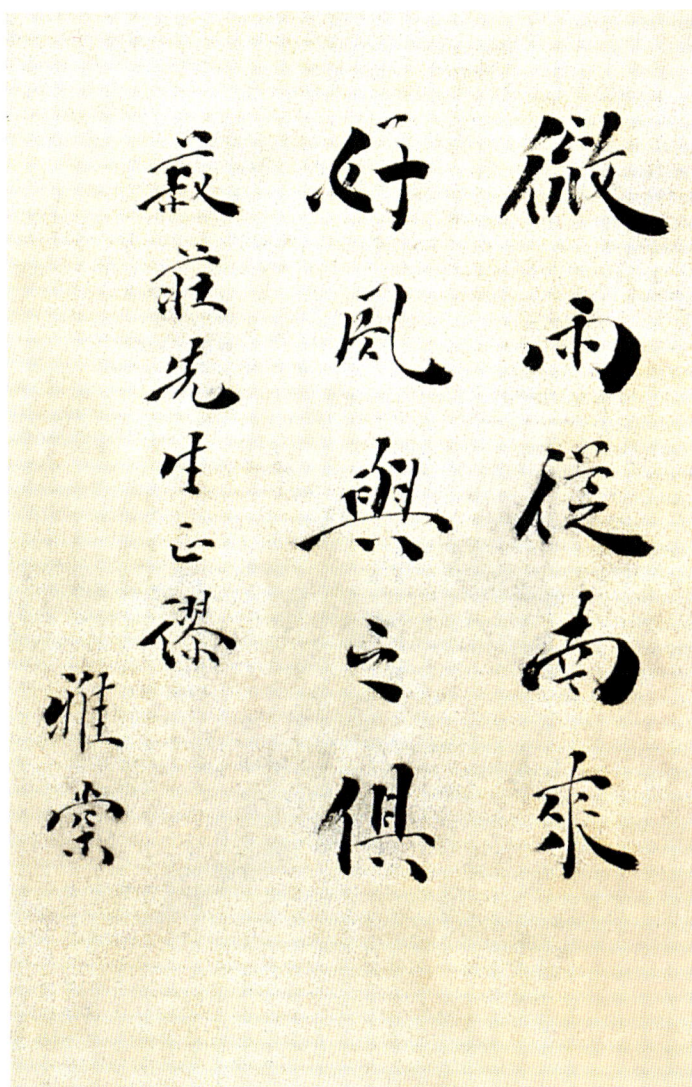

217. 民国 连雅棠五言对联

长15厘米 宽11厘米

白色宣纸，墨书。连雅棠又名连横，是台湾著名爱国史志学家、诗人，是现任台湾国民党名誉主席连战的祖父，1919年在台湾出版我国第一部台湾史籍《台湾通史》。

"微雨从南来，好风与之俱"，是连雅棠先生民国甲子年（1924）为厦门官绅林菽庄先生撰写的对联，是闽台文坛雅集趣事的真实记录。

（周素惠）

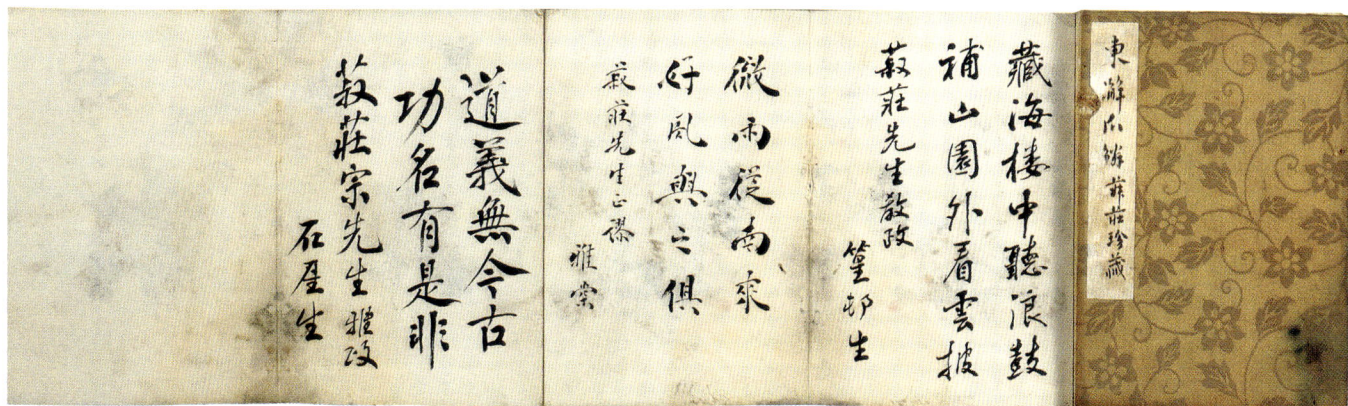

為菽莊石橋被毀
及私權橫受侵害
事謹告同胞書

林爾嘉

218. 民国 林尔嘉"为菽庄石桥被毁及私权横受侵害事谨告同胞书"

　　长25.5厘米 宽18厘米

铅印本。文中详述从民国十八年（1929）至民国三十年（1941），厦门官绅林尔嘉与洋人税务司因地产契约纠纷而诉讼抗争长达十余年之久。在列强横行的积贫积弱的旧中国，林尔嘉敢于使用法律的武器来维护自己的合法正当权益，充分利用社会舆论与民众的支持为后盾，诉诸法庭，与洋人税务司控制的海关据理抗争，最终迫使洋人税务司不得不和平解决，大挫了洋人横行霸道，视华人如草芥的威风，这在当时实属不易。文中对民间契约的法律效力等作了详细解读，是难得一见的珍贵资料。

（周素惠）

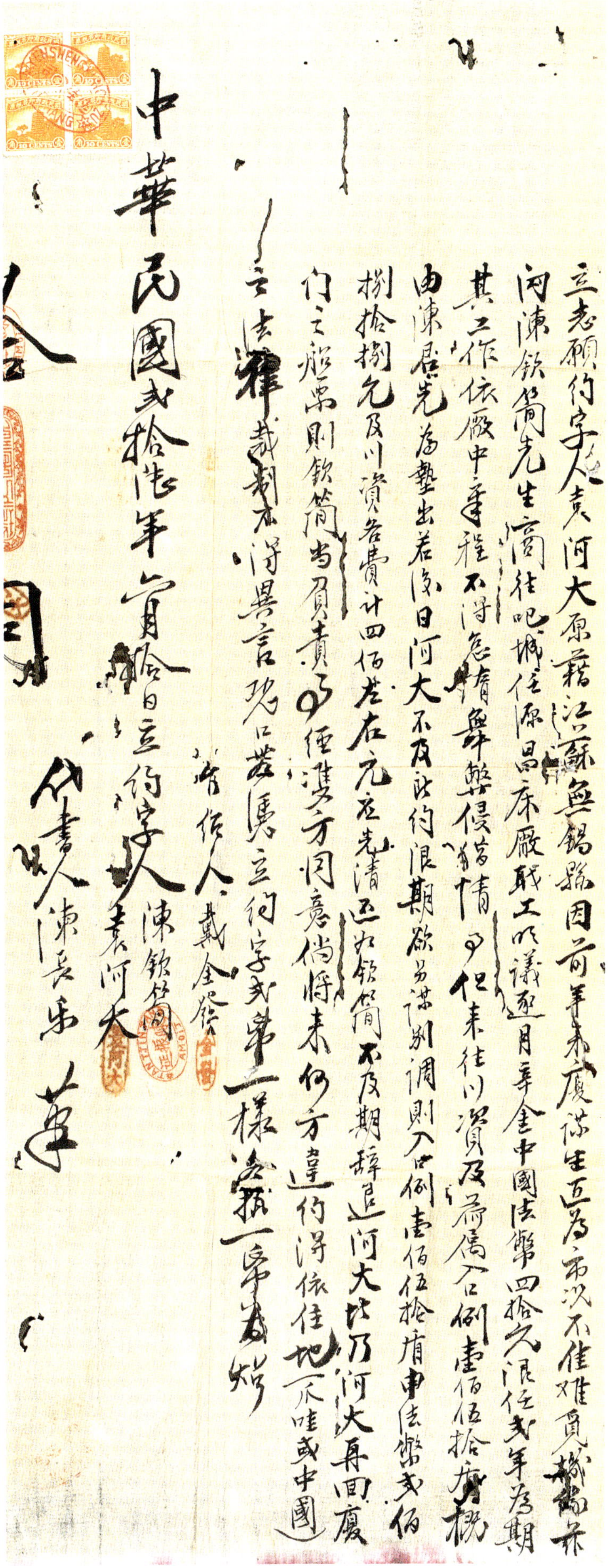

219. 民国　袁阿大立前往吧城打工契

长56厘米　宽22.8厘米

白色毛边纸，墨书。民国二十六年（1937年）江苏人袁阿大在厦门与陈钦简订立合约前往吧城任源昌床厂打工，内容包括工期、辛（薪）金、川资（盘缠）及荷属入口例及违约责任等。该契约反映了民国年间由厦门港出洋的华工的大致情形，是罕见的研究契约华工的资料。

（周素惠）

后 记

　　《厦门市博物馆藏品集粹》图集经两年多筹备编撰，终于如期完稿付梓。在搁笔的这一刻，我们感觉到了久违的快乐和轻松，但仍有意犹未尽的感觉，真心地想说一些感激的话：

　　感谢中共福建省委常委、福建省人民政府常务副省长、厦门市人民政府市长张昌平在百忙之中，拨冗为本书所作的高屋建瓴、充满激情与期望的序言；感谢厦门市人民政府曹放副秘书长、翁剑山秘书对本书出版的具体关心；感谢厦门市文化局历任局、处领导长期以来对博物馆工作的大力支持和罗才福局长为本书所作的中肯又有指导意义的序言；感谢故宫博物院著名古陶瓷专家耿宝昌先生的鉴赏指导；感谢博物馆历任领导及老同志，特别是文史专家龚洁、何丙仲、洪卜仁、陈孔立、陈支平、郑国珍、梅华全等先生对我们工作的热情指导；感谢文物出版社编辑、摄影师等为本书出版所做的各项艰苦细致的工作……

　　特别需要提到的是，这本图集的顺利出版，是全馆同仁共同努力的成果，是厦门市博物馆二十多年来取得成绩的一次检视。图集的编写过程是艰苦的，对我们来说更是如此。在厦博新馆建设如火如荼，繁忙紧张的非常时期，为了使图集顺利出版，全馆的所有同事均热情参与，为了共同的目标，任劳任怨，不辞辛苦，挤出晚上、周末、节假日等休息时间，加班加点，查资料，撰文稿，出现了许多虚心求教，好学上进，团结互助探索学术课题的动人景象，形成了良好的学习氛围，图集编委会也藉此表示敬意与感谢！

　　图集中一定还有不足的地方，衷心希望同行高人匡正指谬，给我们予鼓励和鞭策。

《厦门市博物馆藏品集粹》编委会

2007年1月